ふ★しょ ち★え ふ★しょ みつ

藤幼儿园的秘密

[日]加藤积一 /著

何京玉 陈 俊 /译

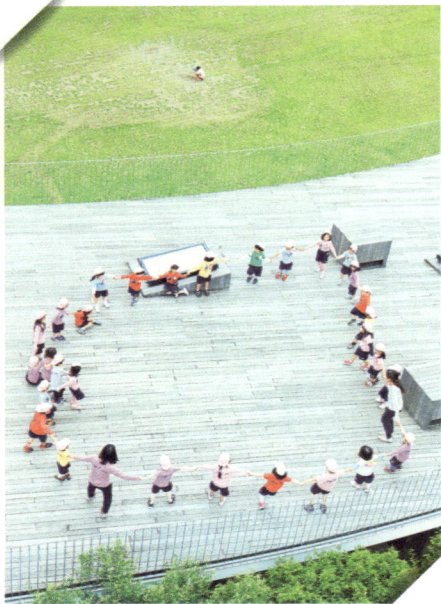

北京师范大学出版集团
BEIJING NORMAL UNIVERSITY PUBLISHING GROUP
北京师范大学出版社

U0646269

北京市版权局著作权合同登记号：图字01–2017–5262号

图书在版编目（CIP）数据

藤幼儿园的秘密／（日）加藤积一著；何京玉，陈俊译．—北京：北京师范大学出版社，2018.10（2023.1重印）

ISBN 978–7–303–23626–8

Ⅰ．①藤…　Ⅱ．①加…　②何…　③陈…　Ⅲ．①幼儿园－教学经验－日本　Ⅳ．①G612

中国版本图书馆CIP数据核字（2018）第084149号

图书意见反馈　gaozhifk@bnupg.com　010–58805079

营销中心电话　010–58802755　58800035

TENG YOUERYUAN DE MIMI

出版发行：北京师范大学出版社　www.bnup.com

　　　　　北京市西城区新街口外大街12–3号

　　　　　邮政编码：100088

印　　刷：北京盛通印刷股份有限公司

经　　销：全国新华书店

开　　本：889mm×1194mm　1/20

印　　张：10.5

字　　数：160千字

版　　次：2018年10月第1版

印　　次：2023年1月第6次印刷

定　　价：48.00元

策划编辑：张丽娟　罗佩珍　　责任编辑：郭　瑜

美术编辑：焦　丽　　　　　　　装帧设计：焦　丽

责任校对：段立超　陈　民　　　责任印制：陈　涛

照片拍摄：片村文人　藤幼儿园

"（园舍）建筑本身就是孩子们的大玩具！"

"会从树上掉下来的孩子，一开始就不会选择去爬树！"

"孩子们知道自己能够做到的极限。"

"在噪声中仍能保持的注意力，才是能使孩子们受益终身的真正的注意力。"

"越不教，越想学，这就是孩子们的心理。"

"儿童时期让孩子充分玩耍，养成良好的习惯，长大以后他们才会成为独立自主的人。"

——这是"世界上最快乐的幼儿园"的园长赠予曾经也是孩子的大人们的金玉良言。

理　念

创造幸福的未来

教师的工作是

"培养出能创造幸福未来的人"

希望培养出什么样的孩子

懂得关爱他人和自立的孩子
·良好的修养、解决实际问题的综合能力
·适应性强的人、当机立断的人

教师们的行动标准

其语言、行动、举止对孩子
的成长有益吗？

为此，必须珍惜的是

孩子的个性
让孩子发挥"自我成长能力"

留心和实践

［留心］
·每个孩子都不同—每个孩子都优秀—尊重个体差异
·帮助孩子独自完成——默默关注、相信孩子的保育
·理解从发现惊喜开始——重视真实体验
［实践·重视的事情］
·重视蒙台梭利教育与其精髓
·通过自然和游戏实现重视真实体验
·重视每个孩子的成长速度和特点的保育
·重视文化、传统、社区活动的保育

大人是榜样

培　养	在园内各场所进行的培养	活　动	保育内容
具体的活动 注意事项 观察 需要默默关注的重点 生活中打招呼	正门 孩子在早晨的微笑和问好中成长 ↓ 教会孩子守时的地点	运动会 齐心协力 竞技比赛 同伴关系 更加友好	问好 午餐 绘画等

理念——行动——儿童的成长

发现藤幼儿园的秘密

　　因着与日本幼儿教育20多年的缘分和交往，我有幸成为《藤幼儿园的秘密》中译本的第一位读者。本书作者就是藤幼儿园园长加藤积一先生。全书将幼儿园的故事娓娓道来，读来感到非常亲切生动，很多话语简单、朴素而又充满智慧，是富于哲理的教育格言，令人回味无穷。藤幼儿园是一所有温度的幼儿园，只有站在孩子的角度去感受和体悟，才可能发现其中的秘密。

一、园舍既现代、时尚，又质朴、原始

　　藤幼儿园的建筑的确极具现代感，很时尚新颖，因而近年来不断有人前往观摩。然而，这所幼儿园并非刻意求新求变，而是意在回归幼儿教育的本源，园舍建筑是为了"唤起孩子自主成长之力"，是促进儿童成长的具有实用功能的大玩具。可以说，这是一间现代、时尚的外观与朴素、深刻的内涵很好地结合的园舍。园舍并不单纯是一座建筑，而是处处令人感受到从孩子出发的温度，同时蕴含了日本人亲近自然、天人合一的生活观和教育观。

　　"孩子才是真正的老师"，幼儿园不需要刻意追求华丽的外表，而是要营造朴素的能够让

孩子一边玩耍、一边学习的生活环境。圆形园舍是基于对孩子、对童年深刻的理解以及原有场地空间条件而设计建造的，有可以奔跑的屋顶，并保留着穿过屋顶的大树。设计时，设置有艰险的环境，让孩子能够挑战极限，掌握生存之术增强自我保护能力，而不是剥夺孩子的成长，孩子多方面的能力和自信正是在与这样的环境互动的过程中才得到发展的。受到"农家大会场"的启发，教室是开放的空间；园长的办公桌位于教职工的最前面，如同门卫，可以全心全意与孩子们互动交流，"最好的防范措施是人的眼睛"。这与当下国人焦虑心理不断增强，从而要求封闭幼儿园，安装360度无死角视频监控，以确保安全，形成了巨大反差。

环境的教育意图也体现在建筑之中，是一种无形的教育。"富足的时代很难有机会去理解事物的本质和道理"，"一切创造灵感皆始于无"，基于这样的思考，园所设计时故意制造不方便，创造一些原始状况，在设施配备上放弃舒适安逸，拒绝自动化、感应器等，让孩子动脑筋想办法去解决问题。园舍建筑的很多细节，如安置老式的拧开水龙头、拉灯绳、滴水兽，以及凹凸不平的草坪等，都是为了让孩子可以获得多种以往所没有的体验。针对当下现实社会物质过于丰富，什么都唾手可得而产生的问题，如无欲无求，加藤园长提出，"欲望才是追求理想的动力"，并考虑相应对策，让孩子能够体验发现的感动和惊喜。加藤园长认为，对幼儿期的孩子来说，与其传授，还不如让他们自己去感觉、去思考、去行动。敢于挑战，发现乐趣，童年就应这样度过。

园舍的建筑完全是从孩子出发，在这其中，三位不失童心的成年人——园长、设计师和建筑师相遇相知，心有灵犀，设计建造的过程时时以父母的视角去思考孩子的成长原点，三个人跨学科跨领域的握手合作，成就了这个给孩子的不同寻常的美好礼物。

二、教育既深刻理解并践行蒙台梭利理念，又契合日本文化

藤幼儿园是一所兴办了数十年的蒙台梭利幼儿园，两代办园者深刻理解蒙氏的"孩子本身拥有自我成长的能力"，并力行之。如重视日常生活是"儿童发展"的起点，深刻理解蒙氏教育与其他以文化知识为中心的教育最大的区别，将日常生活练习作为"感觉教育""语言教育""算数教育""文化教育"等发展领域的出发点。让孩子自己的事情自己做，并帮助家人做家务，促使孩子的五感（看、听、触摸、吃、闻）变得敏锐，同时掌握生活技能，培养身体协调能力。教育者相信儿童，结合日本文化进行本土化的拓展和发扬，如结合四季特点的文化活动，春天采摘草莓；夏天感受风和吃流水素面；秋天参观收割和碾米，在房顶吃饭团，享受"落叶浴"；冬天拔萝卜、吃萝卜等，人与自然和谐共处。

日本的传统文化中有鞋子要摆放整齐、随手关门等规矩和习惯，幼儿园日常教育中就会把这些贯穿其中。幼儿园还会引导孩子洗抹布、点数黄瓜、盛汤等，将蒙氏教育元素契合日本生活方式，充分利用日常生活中的资源。日本育儿文化既要求对孩子适当照顾，又强调要帮助孩子成长并顺利过渡到下一个发展阶段，进而激发孩子的自主能力，逐渐走向自立，以适应未来时代的需要。藤幼儿园对于外来的好的幼教理念模式的学习值得大家反思，不是唯新是趋，满足于唱流行歌曲般的变换花样，或是原样照搬，形式大于内容，而是持之以恒地加深理解，并结合本土文化的特点，长期坚持实施。

蒙台梭利提出，"孩子具有与生俱来的使自己成长发展的能力"，根据蒙台梭利有关敏感期的理念，藤幼儿园强调要依据孩子的年龄进行适合的生活教育等，成人要充分了解孩子的需求，保障并支持孩子们的自主活动。教师的作用就是保障孩子们的自由，他们的工作是提

供适宜的环境、材料和工具，帮助孩子去发现自己感兴趣的活动，提供机会磨炼其能力。要理解每个年龄段共有的规律特点，同时尊重个体差异。

三、孩子在生活中学习自我照料、理解他人需要

藤幼儿园的一日生活从相互问候开始，"进入社会的入口就是互相问好和寒暄"，孩子可以从中感受人际交往的温度，学习应有的礼仪，孩子要在生活小事中理解他人的需要，并学习如何化解冲突。园所接纳特殊孩子，让孩子们有机会在共同生活中学习相互交往，互助友爱，感受团队的力量，同时成人也获得了启示，认识到孩子们的多种可能性，不设定条条框框。

在藤幼儿园，幼儿在园大约有两小时自由支配的时间，可以自主选择，愿意做什么就做什么，可以是室内的"工作"，或是在室外尽情奔跑，尽兴地玩。如一圈一圈地在房顶奔跑，有的孩子一上午就跑了30圈，这意味着跑了将近6千米。连接房顶和庭院的大滑梯是孩子们的最爱，孩子们会不断地重复着爬上去、滑下来的动作。这里没有统一的活动时间，也不会统一要求孩子玩固定的游戏，孩子们会自己决定玩什么、怎么玩，自己创造规则和玩法。

在午餐问题上也尊重"多样性"，可以是幼儿园提供的，也可以是家里带来的便当。当然，妈妈或亲人制作的是最好的，孩子闻到饭香就能够感受到亲情和爱。餐前会有孩子负责按铃提示大家午餐时间，大班孩子还需要承担分餐等值日生工作。藤幼儿园的"微笑农场"，可以让孩子们吃到自己种植的土豆、玉米、地瓜等蔬菜，共享绿色食物。

藤幼儿园注重在生活实践中激发孩子探究的欲望和学习探索的动力，如前文所提及的特意创设不便利，吃饭时用筷子代替简便的勺子，引导孩子学会自我照料，小孩子也跟大孩

子、老师一起擦地等，让孩子有机会运用身体器官，学习解决问题，了解事物的由来等。幼儿园注意创造机会和条件，让孩子直接接触实物、动手操作，而不是借助电子技术，如挖宝石游戏、参与"微笑农场"的种植与收获，让孩子们直接感知实物，自己去体验。

藤幼儿园比较低的师幼比与其他日本幼儿园类似，园长认为，太多的老师会减少孩子自我照料的机会，并分散其注意力。"不教孩子们"，才能从真正意义上促进他们自主成长，因为"你越不教，他越想学"。

四、家长是育儿同伴：倾听体谅，寻求共鸣

家长工作是幼儿园不容忽视的重要工作内容，书中关于家园关系和亲师关系的论述，明确了双方是平等的育儿同伴。教师做家长工作的基本方式，就是去倾听、理解，设身处地地理解他们的感受，而不是居高临下地教训等。

老师要以"体谅的心情"与家长交流，理解家长的育儿烦恼，"不论何时，我们都想成为能与家长产生共鸣的人"。藤幼儿园是社区幼儿园，几十年来持续与很多家庭打交道，既要能保持一定距离，冷静地看待家长的烦恼，也要能够无条件地接纳孩子们的可爱之处。幼儿园与家长的交流是从肯定和赏识开始。"倾听——认同——共鸣"是家长工作的基础。

书中，加藤园长就家长的育儿困惑，如孩子是否上兴趣班，孩子任性、具有攻击性，做事磨蹭等问题，结合具体事例加以分析，提出了令人安心的育儿提示和参考建议，如引导家长学习了解和懂得孩子，放平心态，不要绝对化。

针对家长的焦虑，加藤园长告诫，不必事事小心，过于紧张，而是要顺其自然。"给孩子一点

时间""相信孩子""耐心等待",建议家长"丢掉拐杖"！同时，他又强调，不能因为有危险就什么都禁止，只有让孩子充分享受童年，才能身心健康的成长。他特别从标题上申明"教育没有标准答案"！相信这些真知灼见，对国内广大陷于育儿焦虑中的家长会有所启迪，对我们的幼儿园摆正家园关系和有效开展家长工作会有借鉴，家长工作不是迎合迁就，而是给予积极的影响引导。

五、教育就是修行

"教育没有标准答案"，"当父母也是一种修行"，是藤幼儿园的基本理念，也是最简单和最深刻的教育真理、规律。为人父母和教师都需要修行，成人要伴随孩子的成长而不断学习成长，没有止境地进行自我教育。好的教育不可能一蹴而就、一劳永逸，也没有能够包治百病的灵丹妙药。

藤幼儿园强调录用有热情的"普通人"。园所对教师的招聘和考核不是注重证书、学历等外在条件，因为以往职前的学习成绩不一定能够说明问题。藤幼儿园需要的是对在这里工作有强烈愿望的人，强调实际行动力，最优先考虑的是为儿童成长能合作共事，能够认同幼儿园生活化和天人合一的理念，能向儿童传递日常小事的快乐。担任主班老师的最重要的标准，是家长能否"放心把自己的孩子交给他"，即从服务对象家长的角度考虑。在这里，对人、对孩子的关注是第一位的。录用的教师可以没有经验，但绝对不能没有热情。热情或激情是教师做好工作、自我成长的内在驱动力。

藤幼儿园把教师培养这件事放在比什么都重要的位置上，定期举办"实践研修班"，引导教师掌握以往职前教育所未及的"孩子成长过程中重要的东西"，体会到自己对孩子来说是被需要的，从而建立起幼儿园工作的自信，园所注重激励教师在实践中不断揣摩、不断创造，包括开发创造新的蒙氏教具等。

藤幼儿园还设计了"基本情况100题"作为教师研修的一部分,教师只有了解园所的基本信息、服务方式、制度、理念,理解认同、有归属感,并积极践行,成为"藤幼儿园的专家",才能更好地向家长和公众传播。教师的自我成长不限于园内或教育的单一领域,幼儿园会创造条件并鼓励教师走出园外,扩展视野,丰富多种体验,让教师的成长能够增加宽度。

"有热情的普通人聚在一起,团结起来共同努力,就会发挥出惊人的力量。"看起来,这是藤幼儿园数十年办园一直得到认可的关键。

阅读完全书后我感觉,藤幼儿园其实没有秘密,要说有什么秘密,就是回到幼儿教育的本源——自然、生活、平实,回归朴素常识,把孩子放在最重要位置,尊重和理解孩子,真正从孩子出发,从孩子的最大利益考虑如何实施教育,并落实在行动之中。日本幼教同行的危机意识、前瞻意识令人印象深刻,特别是他们对当下物质丰富、科技发展的现状不是盲目崇尚,而是保持理性、清醒和警觉。作者能够基于对孩子成长的深刻理解,居安思危,意识到现代化带来的负面影响,迎难而上,有所作为,尽可能地根据园所实际采取相应措施和对策,创造有利于孩子健康发展的环境,帮助他们顺利进入社会,成长为能够迎接未来社会挑战的新一代。

多说无益,读者还是尽快打开书,自己去体验和发现吧!

张燕

北京师范大学教育学部教授

北京师范大学流动儿童教育问题研究中心主任

2018 年 4 月

走进藤幼儿园

近几年，我受不同幼儿园所托，多次走进位于东京都立川市的藤幼儿园。藤幼儿园的新园舍落成于2007年3月，作为教育建筑典范，备受日本国内外的广泛关注，每年接待无数来访者。

这是一所无终端、无墙壁、无间隔的环形建筑，教室之间相通，没有固定隔墙。正如加藤园长所说："嘈杂的空间更容易培养专注力，这对教师组织活动的趣味性、吸引力提出了要求。孩子们如果在嘈杂的环境中能够认真听讲，那么就是他们真正感兴趣的。作为成人，我们要做的不是用教室的墙来隔断外界的干扰，而是引导孩子们如何面对这种现象。"

与幼儿的教室一样，园长和老师们的办公室也是开放的。园长的桌子面对的是孩子们，回头看是教职员，侧面是来往的家长们。孩子们的游戏、活动场景直接呈现在园长和所有教职员的眼前。加藤园长认为，这种开放式办公室可以实现教师间的信息共享，也有助于教师与孩子们之间的交流，反映出园长所倡导的人与人之间自然交流的理念。

椭圆形屋顶是藤幼儿园的一大特色。走在屋顶上，看到孩子们自由地奔跑、游戏，在无障碍的空间里充分释放自己，脸上表现出自信与愉悦，让我们深刻感受到设计者所传递的"建筑最终回归于人"的理念。

椭圆形屋顶上有几棵老树自然地从校舍中穿过，浑然成为建筑的一部分。孩子们自由地在树上攀爬，嬉戏，与树木和自然环境亲密互动。

藤幼儿园的教育理念体现在方方面面：操场边上水管的水龙头是用手拧的，让孩子们学习控制水流量的大小；幼儿园每一个特别的地方都贴有二维码，扫码即可读到在这一处的观察要点、言语规范和注意事项，便于让家长与教师保持统一的言语指导，做到统一要求、统一规范；丰收的农作物吊挂、摆放在幼儿园的各个角落，成为幼儿园的一景；在微笑农场里孩子们和老师一起种植、收获，感受季节的变化，体验丰收的快乐，欣赏自然美景；孩子可以随时过来观察、喂养马棚里的两匹马驹，过生日的孩子还可以骑着照相……

在藤幼儿园，泥土、树木、马驹、落叶、水龙头、灯泡、开关等都是最真实、最直接的教育资源。草地弄得高低不平，让幼儿感受到道路的崎岖；埋在沙坑里的小石子儿，让孩子们去体验挖沙寻宝的快乐；推拉门的缝隙，让孩子们懂得关门要当心；自己拔萝卜、地瓜带回家做成菜，再挑食的幼儿最终都会爱上自己劳动换来的蔬菜……

尖锐的墙角、突出的树枝，让参访者担心不已。但藤幼儿园的园长说，如果孩子们不小心撞到，以后就会懂得小心。幼儿园不放过任何一个可以让幼儿探索和学习的细节与机会，不过多地保护孩子，给幼儿提供学会照顾自己的机会。

在藤幼儿园，教师坚定地信赖幼儿，家长全心全意地信赖幼儿园。家长相信幼儿园会实现让幼儿学会自立、学会思考、学会合作、学会包容、学会快乐等这些目标，让孩子们自信、活泼、自主、和谐。

　　这本书籍，不仅能让我们感受到园长和教师们付出的热情，而且也能给广大的保教工作者以及家长朋友们、幼儿园经营者、幼儿园建筑设计师等多方面群体带来关于幼儿教育的启示。

　　本书由我和陈俊（青岛智田幼儿园园长、日本广岛大学大学院教育学研究科幼儿教育专业博士生）主译，周心慧（日本广岛大学大学院教育学研究科幼儿教育专业博士生）、权赫虹（日本广岛大学大学院教育学研究科幼儿教育专业硕士生）也参与了翻译工作。全书由我统稿和审校。

　　在本书翻译过程中，尽管我们反复地认真推敲和校阅，但难免会出现不当之处，敬请广大读者批评指正。

　　是为序。

何京玉

青岛大学师范学院副教授

2018 年 2 月

炎热的夏季到了，孩子们在庭院里剥着刚刚从藤幼儿园"微笑农场"里收获的玉米，他们一层一层认真地剥着，玉米露出了脸蛋儿——那黄澄澄的饱满的玉米粒。玉米煮熟后，大家坐在一起品尝。刚采摘的玉米格外新鲜，味道香甜可口。这种体验一定会永远留在孩子们记忆深处，甚至身体的每一个细胞当中吧。

就在前几天，孩子们在楼顶上发现了吉丁虫。虽然现在吉丁虫不太常见，但在幼儿园里每年都能发现几只。孩子们对吉丁虫漂亮的体色津津乐道，并把它放进盒子里饲养，一起进行观察。吉丁虫背部和腹部的绿色金属颜色中镶嵌着闪闪发光的紫红色线条，不管从什么角度观察都很漂亮，并且根据观察角度的不同，可以看出各种不同的颜色。因此日本人常用"吉丁虫色的意见"来形容暧昧不清的意见。

其实，我们也可以从褒义的角度把藤幼儿园看作"吉丁虫色的供孩子们成长的地方"，因为我们对它可以有各种不同方式的理解。土、木、草、花、动物、园舍、老师……所有的这些都是孩子们成长的"工具"，为支持孩子们的成长与发展发挥着各自最大的作用。孩子们在各种各样的场所、情境中，在与人交往和玩耍的过程中，亲身体验、思考、行动，伴随着对生活的体验与周围世界的认识，他们渐渐成长，那股源于本能的"自主成长之力"得到淋漓尽致的发挥。

新园舍建成已然10年，迄今为止接待了教育、建筑、设计、媒体、行政、企业等各个领域的来访者不计其数，分别来自美国、中国、俄罗斯等世界各国。我们认真接待每一位来访的客人，即使这样，也很难完美地传递藤幼儿园的真正的模样。所以就像巡游各地时的"乡间小路"，或者说是"只有当地人才知道的路线"一样，在这本书里我想与大家分享的也是只有我们自己才知道的"藤幼儿园的秘密"。

首先，分享一下藤幼儿园获得日本建筑学会奖时的颁奖词。

藤幼儿园坐落于宽广而宁静的东京郊外，豁然呈现在我们眼前的它，是一座椭圆形的建筑。然而，当我们迈进幼儿园的一刹那，便全然不觉建筑物自身的存在，映入眼帘的是600多名精力充沛的孩子和培育着他们的老师们。既不像窗户又不像门，更不像墙壁的间隔物，将屋顶和地面大气地分隔开来。我们无暇顾及它到底是什么，有什么用途，仿佛置身于节日里热闹的人群中，被孩子们扑面而来的热情紧紧包裹着，四处充盈着甚至让人有些眼花缭乱的跃动感。也正因如此，当我们站在作为第二庭园的甜甜圈状的木板楼顶上时，那种豁然开朗之感，更令人神清气爽。园舍建筑给人们带来的这两种截然不同的感觉，仅仅通过楼顶和地面上下2米左右的高度差就得以实现，让我们切身地体会到这座建筑作品将所有单纯的要素浓缩为一体的魅力。

说起来，建筑原本是为了起到保护人类免受自然灾害的威胁和扩展人们聚集空间的作用。特别是幼小儿童聚集的幼儿园、保育所或学校等设施，往往一半以上的聚集者被认为需要得到极其精心的呵护与照顾。尤其是在进入严重少子化时代的今天，父母对孩子的关心倍增，他们无暇欢喜于那些磕磕碰碰、脏兮兮的玩耍在孩子们身上刻下的成长印记。因此，各园所也在绞尽脑汁保证孩子们在园期间的安全。在这样的社会环境中，问起建筑能做什么，那么藤幼儿园好像能够给出一个答案：如果身体感觉冷，就跑步、晒太阳；如果身体感到热，就在树荫下乘凉、喝水、吹风。这就是藤幼儿园给孩子们准备的空间条件。

藤幼儿园的建筑秉承着这样单纯的理念：自己主动去找到舒适的地方不就可以了吗？而不是立马利用机器来操控环境满足身体的需求。当今时代，这样的建筑更应该得到高度的赞许。

藤幼儿园的建筑提醒我们，不是只有高密闭和高隔热的建筑结构才能起到节能环保的作用，同时它还能唤起渐渐被人们遗忘的那些感觉。在楼顶上忘我地快乐奔跑着的那些孩子们的身影，正唤醒着幼小的孩子们心中的本能。这种能够激发幼儿感性的幼儿园，正是幼儿园的运营者们付出热情和实践的结果，只有与人完美结合的建筑才能称为优秀的作品。基于此，特授予藤幼儿园"日本建筑学会奖"。

以上内容摘自日本建筑学会记者发表的文章。

我读完这篇文章之后，胸口涌起一股暖流，因为我们真实的想法以及孩子们成长的环境和状况被准确地传递给了评委会的人员。

诚然，我们的工作是培养儿童。我们深信只要我们每天勤勤恳恳、孜孜不倦地陪伴孩子们成长，就一定能创造出幸福的未来。如果把这种工作的态度比喻为烹饪，那么它并非特殊的美味菜肴，而是最简单的米饭，我们的工作就是要努力地做好每一顿米饭。

这种态度藤幼儿园从建园至今都没有改变过，将来也不会发生变化。那么，就请期待我们为您讲述迄今为止那些未曾公开过的"秘密"吧。

书中难免有词不达意或画蛇添足之处，但真实地体现了我平素的生活姿态、同心协力并尽职尽责地培养孩子们的每一位教师的姿态、默默无闻却强而有力地支持我们保育工作的每一位员工的姿态……最重要的是，如果大家在阅读时，脑海中能够浮现出那些每天在微笑中度过童年的孩子们以及展颜欢笑的家长们，我将深感荣幸。

为了创造幸福的未来！

加藤积一

学校法人　大家的广场　藤幼儿园园长

儿童成长环境平面说明图

向着令人憧憬的未来

儿童露台
1层：料理工作室，午餐餐厅，美术馆
2层：英语教室A，B
3层：日式教室，日式被炉房间
屋顶：露台

残疾人专用停车位

自行车停车位

电梯

梨树

拉紧小手

晾晒稻子
柿子，薯长的地方

取江办公室

樱花班

菊花班

幼儿卫生间

田地，田地让孩子们成长

茶树

笑容和问候让孩子们成长
教会孩子守时的地方

楊梅树

大空间的交流

卖文化衫等的商店

通过火炉感受火

让孩子们成长

玫瑰班
天窗可引发纵向的交流

和动物在一起让孩子们成长
有小马和鸭子

正门

直观地传达孩子们的成长

李子树

中门

蒲公英

百合班

噪声与注意力

通往自立的大门（家长目送孩子进园的地方）

把鞋摆放整齐

可以观察到孩子动态的开放式园长办公室

准确地传达时间圆形表盘

草坪让孩子们成长
光脚让孩子们成长

滴水嘴兽感受雨

在屋顶上摆动双腿的体验

桃子班

萱花班

桃花

落叶池

奔跑让孩子成长
在屋顶和幼儿园中绕圈奔跑的孩子们（一天奔跑的步数很多）

郁金香班

多功能房间
可移动的房间可以举行入园或毕业典礼的地方

栅栏

蒲公英班

关紧门

橘子树

西梅树

用灯绳亮灯关灯

玩水让孩子们成长
关紧水龙头

向日葵班

幼儿卫生间

从屋顶延展开来的长滑梯

波斯菊班

泥球

泥土让孩子们成长

紫薇

樱树

藤幼儿园的藤树

南门

藤班

地暖 空调 地毯

光脚让孩子们成长

山班

河流班

星星班

房间大小可自由变换

蒙台梭利图书馆

泳池（夏季设置）室外的教室

水井

水让孩子们成长

长时间保育让孩子们成长
南园舍安全、安心安定的
托儿保育
学前班
微笑班

丛林健身房

玩具让孩子们成长

月亮班

樱桃树让孩子们成长

计算机教室

"快乐学英语"英语教室

树屋

南门

单杠

老房子

和外教成为好朋友吧

树木和落叶让孩子们成长

波浪式滑梯

太鼓桥

独角仙、锹形甲虫的探索区域

沙坑让孩子们成长
因为是沙子可摔倒了也没关系哦

东门

巴士门

停车场入口

南侧停车场（接送专用，最多可停16辆车）

校车   汽车通道

1

藤幼儿园概要　2016年7月

占地面积：6743平方米

在园幼儿数：641人（3～4岁幼儿：433人，5岁幼儿：208人）

（除了上述幼儿之外，小学生英语辅导班：248人，
学前班：29人）

教职员工：66人

保育时间：7：00—18：30

地址：东京都立川市上砂町2-7-1

获奖情况（摘录）

2007年　童装设计奖金奖（经济产业大臣奖）、感性设计创作奖、
最佳设计奖、交互设计奖

2008年　日本建筑家协会奖、日本建筑学会奖（作品奖）

2011年　文部科学大臣表彰奖，OECD/CELE学校设施案例集（第4
版）最优秀奖

2014年　承办蒙台梭利教育亚洲大会现场会

目　　录
CONTENTS

目　　录
CONTENTS

目 录
CONTENTS

第一章 ◖ 园舍本身就是促进幼儿成长的工具

● 地震与园舍的老化

　　藤幼儿园的园舍非常有趣。如果把它的屋顶比作田径场的话，它不是一条长100米的直线跑道，而是一圈长400米的跑道。实际上它并没有那么长，而是一个周长183米的椭圆形。正因为是椭圆形，所以它没有尽头，孩子们的前方没有终点，能够无止境地奔跑下去。因为屋顶中间没有遮挡物，所以不管孩子们位于何处都可以看到对面的伙伴。虽然在屋顶周围转来转去的孩子们可能并没有意识到，但椭圆形确实能带给他们一种无论身在何处都与大家联系在一起的安全感和整体感。

　　那么，这个从上空俯瞰起来就像盘旋在空中的圆盘抑或是大大的甜甜圈的建筑究竟缘起何方呢？就让我从它的起源说起吧。

　　这还要追溯到我与各领域专家们的相遇。其中一位是当时负责本田Step Wgn商务车的广告设计、在SMAP等日本流行音乐组合的艺术指导等方面赫赫有名的佐藤可士和先生，以及他的夫人佐藤悦子女士。还有两位是经佐藤可士和先生介绍，帮助我们设计藤幼儿园的手冢贵晴夫妇。

藤幼儿园是家父加藤干夫于1971年创建的，到2016年已有46年的历史。幼儿园创建当初是"コ"（近似四合院）形的木制二层建筑，后来又把其中的一部分改建成了钢筋混凝土结构。

我对这座旧的幼儿园建筑有着深厚的感情，但我在关于2004年新潟县中越地震的电视报道中，近距离地目睹了保育所的一部分建筑因地震而倒塌的情景后，我意识到我应该有所行动了。试想如果这次地震发生在东京都辖区，这原本已在岁月中日渐老化，甚至会漏雨的园舍，能否守护住每一个孩子宝贵的生命？话虽如此，对于孩子们来说房屋漏雨其实也是他们的乐趣之一。只要有人喊"下雨啦"，孩子们就会把水桶拿过来准确地放在漏雨处。每当这时，我总是惊叹于孩子们对空间方位的准确把握。但是我们不能安于现状，让孩子们乐享其中。不知从何时起屋顶上用来遮雨的蓝色苫布变成了旧园舍的不可或缺之物，特别是新潟县中越地震的报道让我联想到我们园舍的这种状况，这使我下定了重建园舍的决心。

很快，经人介绍，我把重建幼儿园的事情委托给了一位建筑师。我和妻子久美子副园长与这位建筑师进行了多次商讨后，便开始翘首期盼最终设计方案到来的那一刻。虽然已经进行了多次面对面的交谈，但最终呈现在我们眼前的设计图却并不令人满意，特别是在看到挂在园舍栅栏上的吊花时，我感到我们的意图和理念并没有真正传递到建筑师的心中。

藤幼儿园无论是在当时还是在现在，都以三棵超过50年树龄的大榉树为中心，幼儿园周围也被许许多多的树木和花草包围着。树丛里和花丛中有蝴蝶、蜻蜓等各种昆虫，孩子们在那里或是观察，或是捕捉，每天都能闻到新鲜花草的味道。我认为让孩子们与自然接触是非常重要的事情。这种想法不论是过去还是现在都没有改变，所以我们当时也没有太在意幼儿园房屋漏雨的问题。我希望孩子们能够在与阳光、雨水、风、泥土、树木、花草、野鸟、昆虫等自然事物相接触的环境中成长。孩子们在原野上一边玩耍，一边闻花香，尝试去捕捉飞舞的蝴蝶却捉不到……我们希望孩子们能在这样的场景中成长。

我认为在与这位建筑师交流时已经充分表达了这种理念。但看着那看似自然，实际上却是人造栅栏、吊花时，我知道这与我要求的真正的自然相距甚远，想建新园舍的那种憧憬和愿望不知怎的就突然消失了。

虽然这位建筑师每次交流时都很认真地听取我们的想法，但最终我还是放弃了新建园舍的想法，就当没发生过。于是，建新园舍的事情也就被搁置了下来。

● 与佐藤可士和先生的相遇

新建园舍的事情被搁置了半年后，在一次与JAKUETSU玩教具制造株式会社的营业部长平野力先生的闲聊中，我提起了新建园舍的话题，他说"加藤先生，我刚好知道一位非常合适的人选"。他指的这位"合适的人选"便是佐藤可士和先生。可士和先生是优衣库、711连锁便利店、今治毛巾的品牌打造者，是日本流行音乐组合SMAP的激光唱盘封面设计者，在日本是非常著名的平面设计师、艺术指导。当时他刚从日本著名的广告公司博报堂辞职，成为一名自由职业者。而我因为孤陋寡闻连如此著名的人物的名字都不知道。据平野力先生说，他们公司的总裁夫人偶尔在电视上听了可士和先生的演讲后，亲自去拜访并进行了商谈，想寻找合作的机会。

在那个电视节目中，当主持人询问可士和先生下一份工作想做什么的时候，先生回答："想做那些还没涉及过的领域，比如设计医院或幼儿园。"这句话就是一切的开始。这也引发了我对可士和先生的兴趣，回去在网上搜索了一下，才知道他是本田商务车"跟孩子一起去哪儿玩儿？"的广告创意人。我在想，如此大名鼎鼎的人物为什么想要设计幼儿园呢？就在此时，平野力部长来电话说，已经与可士和先生取得了联系，可以立刻去拜访先生了。

　　记得是2005年3月3日女儿节那天，可士和先生亲临藤幼儿园。他很擅长倾听，印象中只有我在一直说。大约过了一个小时后，我们一起转了一圈"コ"形的园舍，在二楼的屋顶向下看园舍，映入眼帘的却几乎全是盖在屋顶上防漏雨用的蓝色苫布，实事求是地讲，那时一种羞愧之情立刻涌上心头。

　　这时，可士和先生指着蓝色苫布说道："园长，能在这个屋顶上让孩子们奔跑会很好玩吧！"我很认真地笑着答道："怎么可能，这太危险了吧！"或许也就是在这时，先生的脑海里已经浮现出了今天藤幼儿园的建筑的样子了吧。

　　老旧的园舍周围矗立着三棵大榉树，大榉树张开繁茂的枝叶仿佛要把园舍包围起来一样。风儿轻轻地吹，摇曳着的树叶发出沙沙的声响，迎面扑来的是庭院内泥土的芳香，这是我最喜欢的美丽景色。我小心地向佐藤可士和先生问道："只有泥土和树木的幼儿园，不知先生有没有什么感受？"先生回答道："有非常大的感受。"听后我心里确定，如果是这位先生，

那一定可以和我一起把新的园舍建造起来。

从那之后，我与可士和先生以及他的夫人悦子女士进行了多次交谈，发现可士和先生具有不可思议的魅力。在每次交谈中他一直"嗯嗯"地回答并认真倾听，不断引发我说话。我没有接触过很多的建筑师，但接触过的建筑师们谈到幼儿园时几乎都是一模一样的"框架"公式，园里如果有这些孩子，走廊应该有多宽，保育室的面积应该有多大等。

可士和先生从我的言语中整理出的新园舍的设计理念非常明确，那就是孩子们的本职工作是玩，幼儿园应该是孩子们每天都想去的梦寐以求的地方，换句话说，就是要建造一个建筑本身就能成为孩子们巨大的游乐场的园舍。

建造新园舍的工程就这样启动了。而我还是有一丝不安，因为可士和先生虽然是著名的设计师，但并非建筑师。于是我按捺不住脱口问道："可士和先生，您不是建筑师吧？那设计图怎么办呢？不是建筑设计师的话，不会画建筑图纸吧？"可士和先生这样回答："嗯，我不能画图纸，但有一位很好的建筑师人选，他连空气都能设计出来。"

看来，在可士和先生的心目中早已选定了合适的建筑师，这就是我与手冢贵晴及夫人手冢由比相遇的缘由。手冢先生作为亲自设计藤幼儿园的建筑师，在美国TED国际会议上介绍了有关藤幼儿园的设计后成了世界闻名的建筑师。我们在可士和先生的工作室一起观看了介绍手冢先生亲自设计的"屋顶之家"的DVD。

TED（Technology，Entertainment，Design的缩写，即科技、娱乐、设计）是美国的一家私有的非营利机构，该机构以它组织的TED大会著称。TED国际会议是召集众多科技、设计、文学、音乐等领域的杰出人物，分享他们的创意和成果的一个世界级大平台。我也是最近才了解到TED国际会议的规模，而在那样的场合藤幼儿园能够成为专家演讲的案例着实让我大吃一惊。

言归正传，可士和先生提议说："还是亲眼去看手冢先生的实际作品能够更快捷了解先生的设计。"几日后，我们拜访了坐落在神奈川县秦野市的被称为"屋顶之家"的民宅，这是手冢先生亲手设计的代表作。这所民宅是我从来未见过的不可思议的建筑，我连与之相似的建筑也未曾见到过。这座建筑具有一个坡度较缓的甲板状平屋顶，上面摆放着书桌、餐桌等家具，还有简易的厨房和淋浴的空间。总之，屋顶上全都成了日常生活的空间。

男主人说，在太阳照射的屋顶上随意地躺卧，在那里看看书，或大字形地躺在那里睡个午觉，体验一下就会不由得称赞这真是太舒服了。男主人为了证明这一点，便在屋顶上为手冢夫妇、可士和夫妇和我们夫妇准备了一顿美餐。

进餐中，手冢先生和男主人给我们讲起了"屋顶之家"诞生的过程。男主人一家以前住的是日本常见的瓦葺屋顶的房子。即便是那样的屋顶，一家人也认为从二楼的窗户钻出去到屋顶上晒太阳、吃饭是一件快乐的事情，所以向手冢先生提出"能在屋顶上生活的房子"的设计请求。

手冢先生的工作风格与可士和先生一样，都是一边倾听顾客的意愿一边创作。手冢先生第一次来藤幼儿园时，非常谨慎地说："园长老师，你认为我真的可以吗？我可设计不出优秀的作品啊！"而我听了这句话却在想，如果是这个人，那么肯定没问题。因为我从来没有想过

从左至右依次是：加藤久美子副园长、佐藤可士和先生、加藤积一园长、手冢贵晴先生

建多么豪华、多么宏伟的园舍，只是想利用现有的自然和空气做出朴素的空间就足够了。直言"我可设计不出优秀的作品"的手冢先生，反而使我确信他一定能设计出对孩子们有益的，能帮助孩子们成长的真正优秀的作品。

幼儿园是儿童一边玩耍一边学习的场所，不需要刻意追求华丽的外表，因为在孩子们身上这些根本不起作用。相反，如果不"朴素"的话，孩子们根本不感兴趣，这是我平时从孩子们身上学到的。孩子们才是真正的老师，这样的孩子们，不需要徒有其表的艳丽和豪华，只要有能够轻松、快活的学习生活环境，便足矣。

● 直到椭圆形的屋顶建成

就这样，新建园舍的行动正式开始了。

佐藤先生夫妇、手冢先生夫妇与我和妻子在一起讨论了很多次，最后我们决定由我和妻子负责一边陪同设计师观察孩子们的真实情境，一边基于蒙台梭利的教育理念和迄今为止的经验，对"儿童成长的特点和内容"进行讲解。

可士和先生听了之后说："园长老师，我先来设计孩子们在园成长的样态吧。"

设计"成长的样态"？！

这是多么好的说法啊！手冢先生的意思是让"成长的样态"以建筑的形式得以体现。"儿童学习的设计""儿童成长样态的设计"和"建筑物的设计"紧紧围绕着"儿童的成长"这一核心，这些就像成组合的螺旋一样不断运转并发挥着整体的作用。

开始设计的时候，手冢夫妇带着他们三岁的女儿从早到晚呆在"樱花班"，和孩子们在一起。手冢夫妇完全变成了孩子，和孩子们一起爬树、奔跑、唱歌，玩儿得浑身是泥巴，每天过着孩子般的生活。他们将这种"成为幼儿园孩子"的体验，在讨论中与大家进行交流和分享。

可士和先生把新园舍的构想形象地表达出来，手冢先生夫妇再把这种构想绘成图形，按照这样的流程一切进行得非常顺利。

一些关键词和理念不断地出现在我们的讨论和设计中——"树""屋顶""自然""游戏"……"园舍是帮助孩子们成长的工具""游戏和成长为一体的园舍""孩子们日思夜想的地方""跟树玩耍的空间""能在屋顶奔跑的园舍"……创作思路也越来越清晰形象了。

不久，手冢先生就做出了设计方案。有趣的是，他说这个方案是在坐中央线电车时的突发奇想，所以把草图匆匆地画在了口香糖包装纸上。这是一个椭圆形的建筑设计。

事后，很多人问我园舍为什么是椭圆形，其实它的开端是源于我曾经说过旧园舍有各种不方便之处。我日常工作的大部分时间是去各个班级转一转，和孩子们一起玩儿、聊天。例如，看到绘画或黏土作品就搭话说"这个颜色好"或"真棒，和大象长得一模一样"等，就这样边搭话边转一圈。我把这种攀谈称为"语言的调味料"。被搭话的孩子通过被园长老师夸奖获得了自信，去画更多的画或开始用黏土捏新的作品。

对于我这种工作风格的人来说，"コ"字形旧园舍的隔断部分非常不方便移动。每次都是室内拖鞋与室外拖鞋换来换去，特别麻烦，所以干脆就穿着室内拖鞋走来走去。孩子们有时提醒我说："园长老师，这可不行啊！"我就一直很专断地说："大人是没关系的。"因此，我对手冢先生说："手冢先生，如果新园舍还是'コ'字形的话，就在连接处搭个通道板吧，这样我来回走就方便了。"把"コ"字形连接起来，在其连接处搭上通道板，不如变成椭圆形！也就是说，椭圆形是我的移动路线。对于一整天都在每个班级之间转来转去和孩子们打招呼

的我来说，圆形是很方便走动的。竣工之后发现，老师之间还可以互相看到彼此班级的情形，交流起来也快捷。这就是藤幼儿园的园舍变成椭圆形的过程。

椭圆形园舍建成之后才知道：孩子们爬上屋顶后，自然而然地就会跑起来。原来，圆形还能激发孩子们想要奔跑的本能。

请大家想象一下，如果是"コ"字形，孩子跑到尽头只能停下脚步，一旦停下来之后再往回跑，孩子们会感到很扫兴。但如果是椭圆形，孩子们就像洄游的鱼儿一样，只要体力能支撑，就可以一直跑来跑去。

实际上，藤幼儿园的孩子们很能跑。根据一位来视察的某大学研究员的调查报告，相较东京都内以足球为特色的幼儿园，藤幼儿园的孩子们每天多出了三倍以上的奔跑步数。

椭圆形给孩子们的集体生活所带来的意想不到的效果远远不止这些。由于椭圆形中间没有遮拦物，孩子们不仅随时可以看到对面的小朋友，而且只要打招呼对面就能听得到，于是椭圆形就给孩子们创造出了不管身在何处，都能与同伴联系在一起的安全感和整体感。

另外，任何一个幼儿园里，总会有一些性格相对内向的孩子。他们会经常躲在某一角落或被同伴赶到角落里。但由于园舍呈圆形，是没有角落或死角的，所以一般不会出现内向的孩子因受到欺负而躲在角落的现象。

● 会从树上掉下来的孩子，一开始就不会选择去爬树

　　没有必要说明屋顶是什么吧。它是遮风挡雨，作为保障人们安心安全生活的建筑物的必不可少的一部分。藤幼儿园的屋顶结构是圆的外周向内周缓缓倾斜，换句话说是外周略高、内周略低的盆口状，这是为了防止屋顶积雨。并且，如果你站在庭院的中央部位往上看，能看到屋顶任何位置的孩子的身影，可以随时把孩子们收进你的视野内。

　　提起房顶，我们会联想到它有一定的高度，即使没有恐高症，想想也会觉得非常可怕吧。好在孩子们的身高一般都在100～120厘米，因此园舍建筑没有必要建太高的房顶，只要从地面到房顶的距离有2米就足矣。

　　即便是这样，如果孩子从上面坠落下来也是非常危险的，所以必须安装护栏。而我从一开始就不想安装护栏，于是提议："取消护栏，从房顶到庭院的地面用网连起来怎么样呢？"

　　我仿佛看见孩子们高高兴兴地从房顶的网上骨碌骨碌滚下来的样子，好像还听见了孩子们开心的欢呼声。

　　比起常见的玩具，孩子们更容易被没见过的"玩具"吸引。比起成人事先指定的"有说

明书的玩具"，孩子们更迷恋他们自创的玩法。

那么，这张连接屋顶和地面的新鲜又陌生的网要怎么玩儿呢？孩子会开动脑筋琢磨，这不就刚好能刺激孩子们运转大脑吗？翻滚一下试试？悬挂一次试试？最终，往往能创造出超乎成人想象的玩法的，正是这些孩子们。

手冢先生说："政府机关恐怕会说这太危险了，不能通过审批吧。"于是唯独这一提案我们最终采取了谨慎的判断。之后手冢先生又笑着对我说："一般都是园所负责人或园长会说，'这样太危险了，不可以！'而您竟说出比我更大胆的想法，这太让我吃惊了。不过您的想法真的很有意思。"

虽然在最终的设计方案中，我们放弃了这个"疯狂"的念头，但在园舍的其他地方还是合理地利用了这个想法。我们把作为藤幼儿园象征的三棵榉树保留了下来，让树干从建筑物中心穿过。然后，在大树探出房顶部分的周围留出了3平方米的洞口，并在洞口上拉上了粗绳网。这一设计令孩子们很是欢喜。通过这个网，孩子们可以在大榉树和房顶之间自由自在地爬来爬去。一个孩子一跃而起跳到粗绳网中央，就会引来第二个、第三个孩子，有时一不留神的工夫，就有10多个孩子已经挤在一起，那场面可以说是非常的"混乱"。就这样，穿过房顶的树，也成了孩子们特别喜欢的游乐场。不管是男孩儿还是女孩儿，都能轻而易举地爬上去与大榉树亲密接触。

"园长，万一孩子掉下来受伤怎么办？"当然，会有存在这样担心的父母。我会笑着说："没关系，因为会从树上掉下来的孩子，从一开始就不会选择去爬树。"对于这样的回答，有

的父母会说："那么，运动功能不发达的孩子，就享受不到这种快乐啦。"不，没那么回事。我想说的是，没有爬过树的孩子，不会一开始就轻松地从这根树枝爬到那根树枝，更不会爬到树梢上。首先，孩子会从手或脚能够轻松够得着的地方开始提心吊胆地挑战，有时会踩偏，有时会手滑抓不住，为了避免从树上掉下去孩子们会小心翼翼地一点点向上爬。当然，要达到熟练程度需要花多少时间，孩子们之间会存在个体差异。那些在爬树过程中擦伤手或脚的孩子们，下次再爬的时候就会更加注意，学会保护自己。

爬树时，孩子们的自我保护能力不是能够被教出来的。也就是说，体验是教不会的。换句话说，"想爬到那个地方试试""想从那上面往下看看"……这样的心情、这样的欲望才是促使他们无数次尝试挑战的源泉。当然，这棵枝繁叶茂、深深地扎根于大地并富有生命力的大榉树，是不会让孩子轻而易举地挑战成功的。

孩子们不断重复着同样的失败后，从失败中吸取教训，逐渐达到更高的目标。孩子们成长的速度因人而异，但不管什么样的孩子在玩的过程中都知道自己的极限。

正因如此，我才说"会从树上掉下来的孩子，从一开始就不会选择去爬树"。

更为重要的是，我们不能抹杀孩子们想挑战极限的积极性。成人总是不自觉地提醒孩子们"危险""小心"。但其实越是不去提醒孩子，他们越是能自己学到更多。在自然界中，置身险境使动物逐渐掌握生存之术，孩子们也一样，一边努力适应身边各种各样的环境，一边成长。

爸爸妈妈、爷爷奶奶的目光每时每刻都落在孩子身上，因为能随时随地向孩子伸出援手让家长感到很安心。正因如此，孩子会失去掌握新能力的机会，从而在想表现出勇敢帅气的样子时做出不自量力的事情，因而更频繁地受伤。

如果将上幼儿园看作孩子迈入社会前的准备阶段，那么我认为幼儿园应该像一般的社会环境一样，不要过度地去保护孩子，而是要适当保留一些危险，这样才能培养孩子自己躲避危险和自我保护的能力。

在藤幼儿园也有需要孩子们自己多加注意的地方，如房顶上的天窗。这个天窗与普通的天窗一样也有棱角，我们会特意让孩子们用手掌去碰碰棱角，告诉他们"如果把头撞在这个棱角上会出血，要多加小心哦"。还有，这个天窗上镶嵌着含有钢丝的强化玻璃，还使用了建筑防爆贴膜防止玻璃碎掉时飞散，内侧拉了绳网等来确保孩子们的安全。但它毕竟还是玻璃，如果我用锤子使劲砸还是会碎的。那藤幼儿园是怎么做的呢？我们会跟孩子们做好约定："不能爬到这块玻璃上。"孩子们都会遵守这个约定不会爬到天窗上去，这就是最好的预防危险的方法。

　　我开玩笑似的说的在网上爬来爬去的想法当然没能得以实现，房顶上理所当然地装了护栏。而这护栏竟成了孩子们特别喜欢的游乐场。孩子们面朝着庭园，从护栏里伸出脚来回摆动，还可以边看边谈论庭院里发生的事情。

　　当然，是手冢先生试验了好几次，才最终决定使用这样的护栏的。手冢先生让孩子们亲自伸脚尝试，而且要保证是只能伸出脚但不能伸出头的安全宽度。在庭院里举行活动时，600名孩子会爬上屋顶，围坐在护栏边伸出双脚。以一般的早会集合为例，围坐在护栏边上的每个孩子都成了最前排，所以这个屋顶上的护栏在给人带来强烈的开放感的同时，还呈现出极大的整体感。

在我还是孩子的时候，我和小伙伴儿一起去邻居家的房顶上玩过。记得那时，我们总是坐到房檐上伸出脚来回晃荡。这样坐着孩子们虽然刚开始心里会有点害怕，但也很想试试。每一小步的成就感，都会让他们获得自信，从而变得越来越成熟。

● 噪声与注意力

手冢先生说："我们大胆地尝试一下彻底把墙拆掉怎么样？"

不要墙？！突然听到手冢先生的这句话，我愣住了。

"我想用家具和隔断把房间隔开，这样再移动它们，不就可以随意调整空间了吗？"手冢先生说道。

我对手冢先生的建议特别感兴趣。

原本一开始我和副园长想在庭院里建一个礼堂。因为，举行入园仪式、毕业仪式等活动时，包括家长有将近600人，所以不得不借用附近的酒店。如果能在庭院里建一个能容纳600人的礼堂，在那里迎接新生和欢送毕业生，那该有多好啊。可是，如果在庭院里建礼堂，户外活动的区域就变小了。但如果是可移动式的隔断，上面所述的问题一下子就全解决了。

如果拆掉一直用作保育室的东侧片区的墙，那举行入园仪式和毕业仪式的时候把移动隔板挪开，几间教室就能变成一个大礼堂以供使用。

另外，将来少子化现象严重，入园孩子减少时也能有效地利用空间。目前，平日里一

般隔出5间教室，但只要移动隔断就可以变换出3间大教室或根据需求组合成各种不同大小的教室。

只是，拆掉墙壁的结果，引发了意想不到的"障碍"，那就是隔壁教室的声音。这让我们开始担心孩子们相互干扰、不能集中注意力。因为隔断的高度比天棚低，只能起到分区的作用，所以能很清楚地听见隔壁教室发出的声音。但后来经过验证，发现喧闹的声音并不是问题，我们应该把班里的孩子看成自然的一部分，我们不能切断孩子与自然的联系，有噪声才是日常生活环境。

一直以来，我们确信只有在安静的环境中才能培养孩子的注意力，但实际上我们生存的环境是什么样子呢？像考场或研究室一样完全安静的地方实在稀少得很，更何况是一群别说是参加考试，就连字都不认识的孩子了。

例如，孩子们在平日里常常是，在车站前熙熙攘攘的人群里和妈妈边走边说话；在建筑工地旁和伙伴们边走边说话……归根结底，人们不就是在或大或小的种种噪声和喧闹声中考虑问题、做出判断，或用电脑整理资料的吗？

我想，能够在与安静的环境完全相反的有噪声的场所集中注意力，才是能使孩子们"受益终身的真正的注意力"。常言说"三岁看大"，我把这句话解读为"幼儿时期是一生的开始"。小时候培养的注意力，终会成为儿童长大后的强大力量。

实际上，在藤幼儿园里，经常是右边的教室里在弹钢琴、唱歌，左边的教室里在点名，中间的教室里则是老师正在讲话。即便这样，老师与孩子们在各自的教室里交流也绝不扯开嗓子大喊，就是用平常说话的音量，孩子们是能够专注地听老师讲话的。这是非常有趣的现象！

可以说在"看"的这一点上也一样。甜甜圈形状的建筑里侧和外侧都是玻璃窗，扩大了孩子们的视野。也就是说从教室里能够清楚地看见外面的风景。有一个孩子的妈妈曾经问过我："园长老师，在这样的环境里孩子们不会有问题吗？孩子们不会被外面的风景分散注意力吗？"我回答说："关于这一点，那是出乎我们意料的没问题。不管是成人还是小孩，都会只看自己想看的，只听自己想听的。"相反，如果孩子们被关进箱子里，反而会变得坐立不安。在藤幼儿园，没有孩子在集体活动中吵吵嚷嚷随便走动，大家都在竖起耳朵认真倾听老师的讲话。

顺便说一下，藤幼儿园没有音乐教室。以"某某室"冠名的只有教职工办公室。如果要举办音乐活动的话，房顶上有最好的露天舞台。我对"音乐"的理解是通过各种各样的声

"音"感受快"乐",所以,音乐课没必要在固定的场所进行。并且,老师们也希望孩子们接触大量的音色、乐器,如吉他、小号、单簧管、长笛、小提琴等。每位老师都会利用自己擅长的乐器组织活动。最新式电子钢琴用单手就可以四处搬着走,老师不仅可以在室内,还可以提着它去房顶上演奏了,这种心情真是惬意极了!还有一位吉他弹得特别好的老师,经常和孩子们一起在房顶上边弹边唱。这不是美国的音乐剧"屋顶上的提琴手",而是藤幼儿园活生生的"屋顶上的吉他手"。

● 开放的教工办公室与园内公开的安全防范措施

教工办公室和孩子们的教室一样都是开放的空间。我认为教工办公室最重要的功能是让大家及时交流。办公室最前面是我的办公桌，回头就可以看到其他老师。这种想法来源于农村的"农家大会场"的交流场景。并且，我们以能及时与所有人沟通、商量为宗旨，于是拆掉了会议室。为了开会而让大家移步到会议室，既浪费空间，又浪费时间。而且，在会议室里即使只是传达简单的内容，潜意识里也会存在必须要开会的想法，所以无意中会延长会议时间而耽误下班回家。

在办公室里，老师们平常说的内容大家都能共享，所以能够提高对孩子们进行保育的效率。除了冬天以外，其他时候门和窗户都敞开着，所以从外面能够清楚地看到里面在干什么。这样做最大的好处是孩子们随时可以看到老师们的身影。试着站在孩子的角度考虑，如果他们随时能够呼叫老师，又随时都能得到老师的回应的话，该是多么的安心。

园长办公桌位于教工办公室的最前面，意味着肩负最大责任的人必须好好地看护孩子

们。园长办公桌的这种布局是藤幼儿园全心全意与孩子们互动交流的象征。每天早上孩子们进班时一定会经过我的前面。我坐在办公桌前，往前看是孩子们，回头看是教职工们，旁边是经过的家长们，是不是很像门卫呢？

再稍微谈一下幼儿园的安全防范措施。园舍建筑结构的特点是从外面能看清楚里面的状况。反过来说，这意味着从里面也能很清楚地看见外面的情况。这是"公开的防范措施"，而不是建个高高的围墙将幼儿园封闭起来。我们认为最好的防范措施是人的眼睛。在众目睽睽之下，人是没法做坏事的吧。

环绕园舍的栅栏是简单的钢丝网，支撑这些网的是直径只有2厘米的铁棍。这样的栅栏不仅成本低、简洁，也很美观，而且它还有意想不到的效果。旧园舍的围墙是由混凝土块和铁格网组成的，比较结实。幼儿园的前面有红绿灯，经常有骑自行车的人在等红灯时把脚蹬在围墙上，偶尔还有把饮料罐或垃圾扔在园内的情况。而现在路过的人没有了蹬脚的地方，如果在新栅栏上蹬脚的话栅栏还会倒塌。当我们贴出"如果碰倒栅栏，就要赔偿"之后，再也没有蹬脚的人，更没有扔垃圾的人。看似矛盾，但这就是现实。

　　另外，考虑到藤幼儿园的占地面积较大，老师之间利用了PHS的联络方式。平时所有的老师都会随身携带。这样一来，不仅老师之间联络方便，而且来自家长的电话也能马上回应。

　　PHS可以同时发出信号，是防范措施的强有力的伙伴。园里有三处入口，如有可疑的人潜入，发现的人可以马上发出暗语。听到这些暗语之后，我们会采取锁门、避难等措施，为此我们还受过立川警察的指导和训练。

　　在普通的园舍内，如果有可疑人员潜入可以利用PHS通知同事，但一旦坏人躲到死角或隐蔽的地方，我们就无法知晓了。可是在藤幼儿园里，因为一切隔断皆是玻璃，所以坏人无处遁形。

　　这就是所谓"公开的防范措施"，可以把那些不易发现的不安全因素减到最少。

● 故意制造"不方便"

在与佐藤夫妇、手冢夫妇一起逐步实现每一个创意的过程中，我的脑海里总会出现一句很重要的话，那就是"原始的未来"。

这句话是什么意思呢？接下来让我详细地解释一下吧。

在幼儿园里，我们有时会故意给孩子们制造一些小小的"不方便"。很大的不方便会令人讨厌，但如果让孩子适当经历一些不方便，则可以让他们动脑筋、想办法解决不方便的地方，从而提高问题解决能力并从中获得发展。将手伸到感应器处就会流出水来，用遥控器就可以控制开灯或关灯等自动化的生活方式确实非常舒适，但幼儿园是孩子们成长的地方，我们想让孩子们理解各种事物的道理。

现代社会的便利程度不言而喻，现今更是便捷性的全盛时代。假设便利就是富足，那么对于孩子们的成长来说，富足的时代就是很难有机会去理解事物的本质和道理的时代。

生活在便利的环境中，考虑各种事物道理的思考力会慢慢地退化。因此，藤幼儿园的照明灯使用的是以前的那种能够看到灯丝的透明灯泡，需要通过拉灯绳来开灯和关灯。

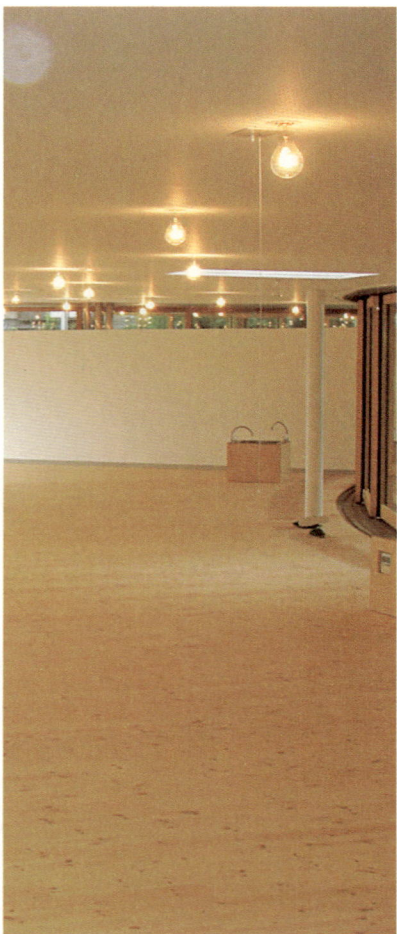

例如，刚入园的孩子们在开灯时就会问："老师，遥控器在哪里？"孩子们认为只有按遥控器的按钮才可以开灯和关灯。经过一段时间，孩子们在用拉灯绳的方式来控制开关灯的体验中，逐渐理解了开灯和关灯的原理。

我希望孩子们用身体来感受和理解万物中存在的原理。因此，我希望在孩子们成长的幼儿园里创造一些原始的状况，让孩子们从中获得类似的体验，直至理解这些事物的原理。"原始的未来"就是这个意思。

于是，我拜托手冢先生，在幼儿园各细节的设计上留下一些"不方便"的地方。

比如，幼儿园里所有面向庭院的玻璃门都是拉门。我跟手冢先生说："拉门不要轻而易举地就能完全关上，以最后不使劲就关不上的程度为好。"

手冢先生惊讶地问我："为什么？"

"我觉得有一点儿缝隙能让风透过来更

好。"我回答道。

所以，藤幼儿园的拉门，如果轻轻地关上就有1厘米左右的缝隙。从洗手间回来的孩子在关门后以为关上门了，但如果没有使劲关到最后，从门缝里就会吹进风来。如果是冬天，会吹进冷风。那么，坐在拉门附近的孩子就会噘着嘴说"好冷啊"，或耸肩缩背地说"好冷啊，关门啊""谁最后进来没关好门"……在这样的交谈中，孩子们养成了随手关门的习惯，直到门发出"咔嚓"的声音为止，才会安心地回到自己的座位上。

还有，幼儿园里的自来水龙头也是老式的拧开型。现在越来越多的地方都装的是带传感器的水龙头，只要把手伸过去水就流出来了。我想用拧开型水龙头替代自动水龙头，把拧开水龙头才能有水流出来的原理——这种对于成长在过去的我们来说理所应当的事情——传递给现代的孩子们。

在旧园舍时期，经常出现孩子们忘记关闭水龙头而一直流水的现象。虽然是没有办法的事情，但我总觉得太浪费水，很可惜。绞尽脑汁后，我们决定在新建园舍的水龙头下不安装水槽，让水直接冲到地面上。水落到地面上四处飞溅，会弄湿脚。自己的脚被弄湿的时候，人们都会选择躲开或者关掉水龙头。最终，不关水龙头的现象不见了。

另外，孩子们还会想，如果使劲拧开水龙头的话水流量大就会弄湿自己的脚，所以学会慢慢地、一点点地打开水龙头；会注意不要把水龙头开得太大等。通过对自己的手动幅度的大小和水量多少的判断，孩子们会掌握做事的轻重缓急。

有一个孩子们很喜欢的游戏：用布丁盒、酸奶盒等空盒接水后拿到玩泥场玩稀泥。这时，如果掌握不好打开水龙头的程度，一下子喷出来的水会从盒子中溅出去，反而怎么也装不满，孩子就会干着急。在这样的过程中，孩子们渐渐学会控制水流的大小，最终会如愿以偿地接够自己需要的水量，然后关掉水龙头。这个过程是孩子们用大脑思考和动手操作共同达成的结果，这就是孩子们成长的过程。

幼儿园院子里的草坪也被特意弄成凹凸不平的样子。在凹凸不平的庭院里，孩子们有时会摔倒，但我觉得这也很好。因为摔过一次的孩子会想办法使自己不再摔倒，思考不再摔倒的方法。"体验"失败—"感受"结果—"思考"对策—付诸"行动"，我想让孩子们获得更多这种具有连锁反应式的体验。

● 有必要在室内穿鞋吗

不知是在第几次的讨论中，手冢先生半开玩笑地说："有这样的办公室，每位老师都有大大的办公桌，上面摆放着最新型的台式电脑，办公室里复印机、电视等应有尽有。但是，只要带着笔记本电脑，在一些咖啡厅也可以工作。虽然没有自己专用的桌椅，但这是没有任何多余物品的舒适的空间，并且随时可以喝上美味可口的咖啡。人们会选择在哪里工作呢？"

我的回答是："在咖啡店工作会更有效率吧。"

可士和先生接着说："是啊。现在哪里都可以连接无线网络，在咖啡店也可以工作。我们一直觉得有必要的东西，真的是有必要的吗？"

这是非常简单而有说服力的话语！我拜访过可士和先生的事务所，的确没有多余的东西。办公桌上只放着一台电脑。可士和先生是畅销书《佐藤可士和的超整理术》（日本经济新闻出版社，2007）的作者，他的哲学是"创造来自一无所有中""一切创作灵感皆始于无""恰是什么都没有的地方才会产生创作灵感"。

于是，在我们的清理单中列举的第一项就是"室内穿的鞋"。在日本，不管是幼儿园还是中小学，进入教室换上室内穿的鞋是理所应当的事情。我也一直这么认为。

可是可士和先生说道："园长先生，有回到家里还特地换上室内鞋穿的人吗？"哦，确实是没有！我开始重新思考，因为幼儿园是像家一样的地方，在这里有穿室内鞋的必要吗？我们的答案是没有室内鞋也没有大碍。

藤幼儿园引入了蒙台梭利教育方法后，经常把教具摆在地板上使用。也就是说，既然在地板上开展活动，那么就更没有必要穿鞋了。另外，经查阅资料得知，如果光脚活动，脚掌可以体验到各种感觉，有刺激大脑的作用。此外，藤幼儿园的地板是实木的，每天走在温暖的木头上面，孩子们一定会非常舒服吧。

据说，光脚不仅对脚心本身有益，还有助于大脑的发育。由于不穿室内鞋光脚，所以藤幼儿园的孩子们的双脚都很结实。

接着，可士和先生说不需要的东西是"标牌"。

一般情况下，学校会有很多如教工办公室、洗手间、××班等标牌或提示牌。可士和先生说："这些还需要吗？每天在这里生活的人，即使不挂洗手间的牌子也能够找得到不是吗？"最后，我们决定撤掉教工办公室、洗手间的标牌。

另外，每个班在一年时间里都在同样的教室上课，入园一两天后孩子们便能记住自己班级所在的地方，就像成年人喝醉了也会找到自己的家一样。所以"某某班"等班牌只在孩子们穿脱鞋的地方作为记号，按照孩子们视线的高度粘贴上标签。

"是不是不需要班牌?"可士和先生对副园长说,"家里的孩子房间上也挂'久美的房间'标牌吗?"说得大家哄堂大笑。

这样一来,园内不再乱七八糟,显得整洁多了。毋庸置疑,我一直都认为幼儿园里应该有标牌。但是仔细想想,的的确确,在这里总是基本固定的人在生活,没有必要特意提示这是"洗手间"。

在孩子们的洗手间入口处的地面上,作为摆放拖鞋的标准,粘贴着与拖鞋同样颜色和形状的胶带纸。孩子们在洗手间将拖鞋放反、一只鞋不知道飞到哪儿去的现象屡见不鲜。每次碰到这种情况时,我们都会反复提醒孩子们"拖鞋要摆放整齐啊"。虽然这也是在培养孩子的生活习惯,但是我们认为,在教育孩子之前给他们提供能够让他们有所察觉的环境才是最重要的。关于此话题,在第二章里还要详细说明。如果有标准线框,孩子们就想对齐地摆进去。如果能在框里正好地摆放进去,他们就会获得满足感和成就感。这种满足感和成就感会逐渐变成"我能做到"的自信。这些自信积累得多了,就会走向自立。

以萌发出这种秩序感为源泉,在教师创设的只能采取与之相适应的行动环境下,孩子们开始向着自立的方向一步步迈进。最终,孩子们将拖鞋摆放得整整齐齐。我希望他们都能真正成为即使在没有线框或任何提醒的前提下,也能够自觉地摆放拖鞋的孩子。但是,如果只告诉孩子要把拖鞋摆放整齐的话,他们很可能只是记住了表面上的东西。这其中的教育价值才是更重要的。

表面上看起来我们只是取消了在室内穿的鞋,但这件事情会给孩子们带来许许多多的影响。

　　也许"秩序感"一词，在日常生活中很少听到。例如，有一天一对父子去附近的沙滩玩儿，孩子收集了五六块石头，按大小顺序摆放在边上。爸爸看了后，一边说我们一起摆呀，一边不分大小地随便摆起来。这时，孩子会说："不对！"又重新按照石头块儿的大小顺序摆放整齐。因为孩子觉得如果顺序乱了，会不舒服，也不开心。

　　有的孩子在河边只捡白色的小石子儿，有的孩子去海边只收集贝壳，这些行为都能够表明，孩子们心里已经萌发了一定的秩序感。

● 感受雨

藤幼儿园拥有许多其他幼儿园没有的东西。其中，我感到最有意思的是手冢先生建议的排雨设施——"滴水嘴兽"（哥特式建筑的雨漏、西方城堡屋顶上的怪兽状石雕）。

在下雨时来到藤幼儿园，你就会知道这个滴水嘴兽的用途了。

楼顶上的雨水聚集起来，会通过这个滴水嘴兽像瀑布一样猛烈地流下来，落到圆形的渗透池里。孩子们会喧闹着伸手去接水。下大雨时，瀑布似的水流变得更加汹涌不绝，也更加吸引孩子们的眼球。孩子们还能根据水势判断雨量的多少，以自己的方式思考降雨量。

我常常想尽量让孩子们用皮肤感受雨水。如果居住在高层公寓里，对雨的感觉也会越来越淡漠吧。现在的孩子们从公寓的停车场和妈妈一起开车出门，然后又把车停在另一个公寓的室内停车场才下车，一点雨也淋不着。不淋雨也罢，但孩子们在对雨的真实感受极其缺乏的情况下就长大了。可以获得各种各样感受的幼儿期，更应该好好体会淋雨的感觉。淅淅沥沥、连绵细雨、倾盆大雨、暴风骤雨……通过雨天观景的感受培养丰富的情感。

与过去不同的是，现在的城市里很多地方都带有连通的屋檐。即使下着倾盆大雨，从地

铁上下来走地下通道的话，也可以不被雨淋就能去想去的商场。居住在高层公寓里的孩子们应该很多吧。透过室内结实的窗户看到的雨的形状会是什么样的呢？能否听到雨的声音呢？

手冢先生制作的雨漏不断上演各种雨景，成为孩子们体验雨的教材。当这个雨漏流出雨水时，孩子们会无一例外地伸出手，弄湿袖子。弄湿袖子的孩子慌慌张张地跑过来报告："园长老师，衣服湿了！"我回答："园长老师的衣服没有弄湿，所以我没有关系啊。"

于是，孩子们吃惊地瞪大眼睛，似乎在想应该怎么办呢？然后孩子会只伸出手指尖或用其他的方法试一试，逐渐懂得其中的道理，最后孩子们自己挽起袖子，这就能证明他们在这个活动中获得了成长。

这其实是微不足道的事情，但有意不伸手去帮助，让孩子们自己感受、思考、行动才是重要的。父母有时会立刻告诉孩子说："看，太靠近了会弄湿衣服的。"如果孩子想伸出手父母又说："把袖子挽起来！"父母一般都这样，提前把一切都说出来，孩子因此也失去了独立思考的机会。

在当今社会，充斥着一些告诉人们如何避免失败方法（how to）的例子。书店里到处是如何避免失败的书籍。好像懂得越多的如何避免失败就显得越优秀。我觉得对幼儿期的孩子们来说，与其传授如何避免失败，还不如让他们自己去感觉，自己去思考。

另外，关键是培养孩子们不管什么事情都敢于挑战，并在挑战的过程中发现自己的兴趣和喜好。例如，喜欢虫子、喜欢电车、喜欢花、喜欢线条画，喜欢什么都可以。不管是什么，只要发掘自己的喜好就可以。若发现了一件自己喜欢的事情，就有了自己的精神寄托，通过完成这件事情逐渐变得自信，将这样的自信作为垫脚石，朝着自立的方向发展。我想童年时代就应该是这样的时期。

● 埋藏在沙池里的宝物

来参观藤幼儿园的绝大多数人都会问："玩具在哪里？"因为在这里看不到在大多数幼儿园司空见惯的漂亮而大量的玩具。

一走进藤幼儿园，就可以看到从房顶连接到庭院的一架滑梯。这架滑梯的特点是将滑板表面加工成细腻的凹凸不平的压花形式，降低了摩擦系数，比一般的滑梯更容易滑下来，速度也出乎意料的快。孩子们不断地重复着爬上去、滑下来的动作。

如果你对正在玩滑梯的孩子说："该走了，快回家吧。"那孩子一定会说："等一下，再滑一次！"他们总是停不下来，想要继续玩耍。因为对孩子们来说，那种从高处"嗖"地滑下来的感觉特别舒服。具体来讲，那就是快感。快感是对大脑的刺激。想得到无数次的快感，即自己对大脑进行刺激，这就是孩子们自己促进自身成长的行为。就这样，各种各样的玩具，都深藏着促进孩子们大脑发育的功能。

游戏被重复过一定次数后，孩子会流露出满足而幸福的表情，而得到满足之后就会制定下一个目标，转向下一个阶段。孩子们的成长发育真的是非常科学，可以说幼儿教育的真谛就是促进大脑的成长发育。

藤幼儿园的后院里，也有单杠、半圆形拱桥、攀爬架，而且它们的下面都是沙池。

像沙滩一样细长（约40米）的沙池里更能产生有趣的游戏。沙池中埋藏着许许多多五颜六色的漂亮的小石头。

这个灵感来自于家庭旅行时去的河口湖的一个名叫"石子儿馆"的石头专卖店。当时这家店正在举行"捞宝石"的促销活动。水槽里的沙子中埋藏着不知名的漂亮的小石子儿，在限定时间内找到的石子儿还可以带走。即使是成人尝试一下也感觉很好玩儿，漂亮的小石子儿实在是很有魅力！我觉得这个很有趣，决定立即引到幼儿园里。

我们会在沙池里定期埋进许多漂亮的小石子儿，然后跟孩子们说"昨晚出现了很多流星，所以今天早上沙池里出现了很多漂亮的石头"或"因为圣诞老人的马车经过幼儿园了"……我们想让孩子们拥有更多的梦想。

找出来的石子儿，孩子们是可以带回家的，我们还约定了"捷足者先登，先到先得"的规则。但还有一个约定，就是找到很多小石子儿的小朋友要分给还没找到小石子儿的小朋友。这样的分享，培养了孩子们的关爱之心，也让他们感受到公平和平等的力量。

人们往往都从满足自己的欲望开始，然后逐渐懂得不能只顾自己，开始与周围的人们分享。我想让孩子们逐渐懂得这种人生态度，而如果开始就规定每个人三个或四个，这种游戏就变得很无趣。我担心孩子们如果成长在被限定的环境中，反而会成为心胸狭窄的人。

另外，当孩子看到其他小朋友找到很大、很漂亮的石子儿时，自己也想找到更大、更漂亮的石头。我认为这是孩子们正常的心态和适度的欲望。当今的社会是物质丰富的时代，什么都唾手可得。在这个社会，好像即使没有特别的欲望也能生存下去，但是欲望才是追求理想的动力和源泉。

以汽车为例，人们的知识好比车身宽敞豪华的高级汽车，而欲望好比发动机排量只有50毫升的迷你小汽车，我觉得现在动力和理想相当于50毫升的人们在增多。[①]

当孩子们能够发现虫子、抓到泽蟹（日本唯一的淡水蟹）的机会越来越少时，我会很想

---

① 译者注：日本的汽车按功能分为乘用车、货车、商务车、特种车等。乘用车主要指人们出行所需的车，但一般不包括摩托车、大巴。乘用车按照车体的规格（长、宽、高）和排气量分为："轻型车"（排气量小于0.66升），"小型车"（排气量为0.66-2升）。如车辆规格中的任何一项超过了"小型车"，则属于"普通型车"。除此之外，还有排气量仅与摩托车相同的50CC的迷你车。

让他们体验到"这是我发现的"——这种感动和惊喜，哪怕只有一点点也好。

当你仔细观察孩子们时就会发现，别人给他的东西他们会在不经意间马上弄丢了，而他却非常珍惜自己发现的东西。在我自己的孩子身上，也有过类似的现象。路过便利店时，在孩子央求下买了当时流行的"游戏王"卡片，可过了一会儿我问"刚才买的卡片呢"时，儿子却支支吾吾，满脸的不自在，原来刚买的卡片已经弄丢了。但是，孩子对自己发现的东西，即使是在成人眼里毫不起眼的小石子儿、贝壳，却都视若珍宝。以前毕业的小朋友说过，他还把当时在沙池里找到的漂亮石头放在小瓶子里，珍藏至今。我听后无比的高兴。

● 来到新园舍里的小马

东侧庭院内有藤幼儿园重要的伙伴儿——小马"小春"和"小银"。

儿时能够接触到动物，是很宝贵的经验，而且这还是比自己的身体还要大的，能够触摸互动、非常贴近孩子们的动物。在旧园舍的时候我们养过山羊，但在新建园舍前它因衰老而死了。山羊确实温顺老实，有着比较稳定的习性，但它的缺点是不喜欢亲近孩子。

正想着下次该饲养什么的时候，我偶然路过小牧场时遇到了温和的且喜欢与人亲近的小马小春（1岁）。孩子们见到小春很喜欢，聚在马圈周围，又是打招呼，又是抚摸。马是群居动物，想着小春自己会感到寂寞，所以我们又添了一匹小马"小银"。

听说在英国有这样一种习俗，父母会给过生日的孩子赠送一匹小马当作礼物。而在藤幼儿园里，孩子们可以在自己生日当天骑一会儿小春来作为生日礼物。每一个生日即将来临的孩子，都会翘首盼望，用手指数着这一天的到来。

星期日，孩子们不在园里的时候，我把小春和小银放在庭院里。两匹小马悠闲地在草坪上吃草的样子，真是一道优美的风景。

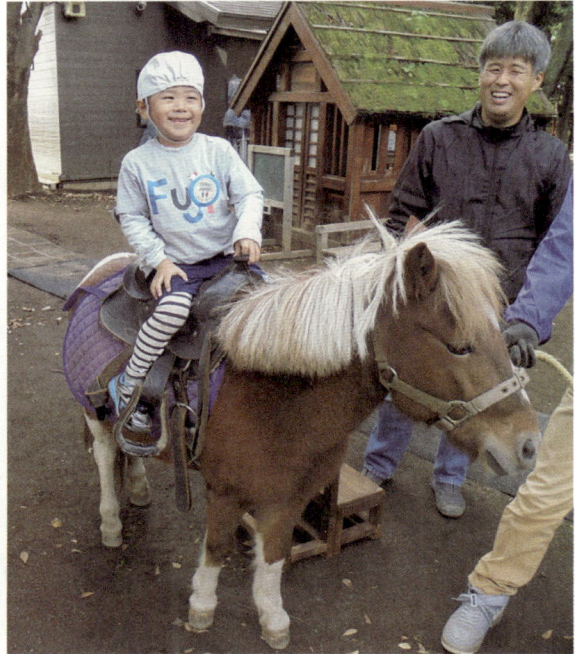

● 新园舍的竣工日

藤幼儿园的新园舍是从2006年3月开始兴建的。由于不能因为施工而停课关门，所以我们停止了一年的招生。在减少了在园人数的同时，我们把园舍分为两部分进行施工。也就是说，先建完园舍的一半之后，再建另一半。这期间，不管是给幼儿还是给家长，都增添了不少麻烦。

虽然这样，但当时的孩子们却都为之欢呼雀跃。孩子们来到幼儿园后看着庞大的起重机或拖拉机发出轰隆隆的声音，眼睛里都散发出闪闪的光芒。还有，在房屋被拆毁的过程中，钻孔、打桩等这些工地上的变化，孩子们都能从建筑工地的安全栅栏的空隙中观察到了，而且看得津津有味。

施工现场的监理苦笑着对我说："真服了这些孩子们的好奇心。"因为孩子们每天都在追问施工人员："你们在干什么？"施工人员说，施工过程中最大的对手就是这些不知打扰和妨碍为何物的天真烂漫的孩子们。

施工的同时，我还向可士和先生提出了希望他帮忙参与藤幼儿园园徽、T恤、校车、网页等文化元素的设计，想把园舍建筑与其他相关事物重新进行统一的规划和设计。

首先是园徽的制作。可士和先生用纸剪出了"FUJI"的园徽。他说是看到孩子们的剪纸而得到的灵感，这是富含亲切和温情的文字。为了将来在各种各样的场合上用得上，他不仅剪了FUJI四个字，还制作了A到Z的英文字母、数字和平假名。

戴着三角帽的小孩子的形象，也出自可士和先生之手。幼儿园的网页、T恤以及藤幼儿园发行的所有刊物上都采用了此园徽和戴着三角帽的小孩子的形象。

不仅是园舍，加上可士和先生的这一系列整体设计（我称之为营造氛围），重获新生的藤幼儿园终于竣工了。

于是，我们迎来了难忘的2007年3月3日。

这一天，我们邀请了在园家长、附近的居民、教职工、佐藤夫妇、手冢夫妇、负责建筑的竹中土木工程店的负责人等，举行了盛大的竣工庆祝会。

施工期间，手冢夫妇生了二胎，佐藤夫妇也喜得贵子，而我的两个孩子当时还是小学生。现在回想起来，这新园舍，是因为我们三个家庭聚集在一起而诞生的，也是我们各自以父母的视角去思考孩子们的成长原点而诞生的。

旧园舍时期，庭院中央立着的旗杆，它的最顶端有一只手工制成的蜻蜓，此蜻蜓源于日本儿童歌曲《红蜻蜓》中的歌词——"晚霞中的红蜻蜓呀，你在哪里呦；停歇在那竹竿尖上，是那红蜻蜓"。

新园舍建成了，这旗杆的顶端该做成什么呢？左思右想后我们决定把它做成"桃子罐头"，其实就是将桃子罐头的空罐扣在旗杆上作为防雨罩。

我读小学的时候，如果孩子因为感冒卧床不起，妈妈一般把桃罐头、香蕉、瓶装的酸奶等其中的一种放在枕边。这些东西现在虽然不足为奇，但那时都是昂贵的东西，所以除了感冒或特殊情况之外是吃不到的。即使是发烧没有食欲的孩子，由于平时极少吃到桃子罐头，所以也能一口气吃完一整罐。

因此我说："藤幼儿园最高的地方，有妈妈的爱啊！"

第二章 ◊ 藤幼儿园特色的蒙台梭利教育

● 孩子本身拥有自我成长的能力

藤幼儿园自建园的第二年——1972年开始就引入了蒙台梭利教育。这是由上一届的理事长，我的父亲加藤干夫引进的，在当时的日本还是非常罕见的教育方法。

父亲是通过一个教育家朋友听说了蒙台梭利教育。据说那位朋友为了学习美国的教育方法，去美国研修时得知了以意大利人的名字冠名的这种教育方法。

父亲从刚回国的那位朋友处听说了蒙台梭利教育后，最直观的感受就是：有很多人虽然靠死记硬背在考试中取得了良好的成绩，却在现实社会中没能发挥很大作用。从现在开始应该注重的并不仅仅是只依靠成绩的教育。

父亲在建园时，邀请了刚刚退休的小学校长森丰三郎先生担任园长。当时的园名是"立川藤幼儿园"。

被父亲看中的森园长在退休前作为立川小学的校长，从事了多年的儿童教育工作。森园长基于长期在小学工作的经验，他确信"对孩子们的成长来说最重要的东西，一定可以在进入小学之前的幼儿期获得"。

森园长也对能够诠释儿童成长中重要的幼儿期教育的蒙台梭利教育感触颇深。就这样，父亲和森园长就采用蒙台梭利教育法达成了共识。

森园长认为要实践蒙台梭利教育，首先自己要进行系统的学习。于是，当时63岁的他在担任园长的同时，报名参加了上智大学教师培养课程班进行学习。

1968年3月，日本蒙台梭利协会作为国际蒙台梭利协会（国际蒙台梭利协会，AMI，总部位于荷兰的阿姆斯特丹）的友好团体，获得批准并正式成立，于1970年在上智大学附设了"上智蒙台梭利教师培养课程"。但其实，蒙台梭利教育在日本明治时期就有人介绍过。

森园长的学习热情高涨，甚至周末都住在大学里学习。他取得了蒙台梭利教师资格证后，数次出访德国、法国等欧洲国家及北美等地，对当地的蒙台梭利教育进行现场考察。同时，以藤幼儿园为会场召集关东一带对蒙台梭利教育感兴趣的教师们，举办每月一次的培训会。

据说，因当时日本还比较缺乏蒙台梭利教育的书籍，所以老师们都非常珍惜这些书籍，轮流阅读。其热情不亚于明治维新时期，学习西方国家学术的年轻人。蒙台梭利的教具在当时也同样极其匮乏，因此使用的玩教具也都是老师们手工自制的。一些玩教具到现在还在被精心地使用着。

当年藤幼儿园的蒙台梭利教育与教师们的钻研和努力均收到了巨大的成效，不论在现在的藤幼儿园，还是倡导蒙台梭利教育的幼儿教育机构都得到了传承。

那么，究竟什么是蒙台梭利教育呢？

每当被家长问及时，我都会极其简明扼要地回答："蒙台梭利教育就是让孩子们充分发挥各自的潜能和自我成长能力的教育。"

玛丽亚·蒙台梭利与特殊儿童教育

名叫玛丽亚·蒙台梭利（1870—1952）的意大利女性就是蒙台梭利教育的创始人，玛丽亚·蒙台梭利是意大利早期的女性医生，也是一位母亲。她科学地分析了孩子们的发展特点，创造了符合孩子们发展特点的教育模式。

在这个过程中，她着眼于孩子们的"自我成长能力"，研究设计了符合儿童各阶段成长发育特点的各种教具和用具。她还以尊重儿童自主性为前提，研究并开发了能激发孩子们内在潜力的教育方法。

1907年，为了实践自己的教育方法，蒙台梭利创办了"儿童之家"。她的这一实践，后来作为一项理论被确立，并以她的名字命名为"蒙台梭利教育法"。现在不仅欧美，包括日本在内的亚洲各国也纷纷引进了这一理论。

实际上，纵观世界，美国前总统奥巴马，谷歌共同创始人拉里·佩奇和谢尔盖·布林，亚马逊的共同创始人杰夫·贝佐斯等引领世界的带头人，在他们的幼年时期都曾接受过蒙台梭利教育。最近，英国王室的乔治王子进入了蒙台梭利"儿童之家"一事，又引起了世人注目。

蒙台梭利开始研究教育方法的契机是，她作为精神科医生对智力障碍儿童进行治疗教育时发现，孩子们的注意力有时能够高度集中在某件事情上。

有一天，和往常一样，蒙台梭利去智力障碍儿童的房间，看到智力障碍儿童们在努力用指尖把撒落在地板上的面包渣拢到一起。机构的职员认为孩子们在做的事情很"不卫生"，从而露出非常严肃的表情，但她却因孩子们的忘我行为而受到冲击。

孩子们在连玩具都没有的房间里，不厌其烦地用指尖拾面包屑捏着玩儿。她认为这难道不就是孩子们在本能地促使自己的智能成长的过程吗？

从那之后，蒙台梭利试着把能够活动手指的玩具一个接一个地提供给智障儿童玩。这样一来，孩子们的能力得到了很大提升，智能测验的成绩也提高了。用同样的方法，也对贫困家庭的孩子们进行了试验，结果在这些孩子们的身上也取得了明显的效果。

经过多年来进行的这些观察和研究，蒙台梭利坚信孩子的发展都开始于指尖活动，进而通过刺激视觉、听觉、嗅觉、味觉、触觉这"五感"，智能会获得大幅度的提高。

"孩子天生具有自己促使自己成长发展的能力！"这就是玛丽亚·蒙台梭利得到的结论。

自己培养使自己成长的能力，蒙台梭利将此能力称为儿童的"自我教育能力""自我成长能力"，并非"因为孩子自己什么都做不了，所以成人什么都要教"，而是"孩子们伴随着出生，便具有接收各种各样信息的能力"。

为了使孩子现有的自我教育力得到提升，她意识到"自由地选择"→"重复做自己选择的事情"→"专注于自己选择的事情"→"获得成就感、充实感，达到能力被激发出的状态

（正常化）"这四个过程是不可缺少的。

　　那么，为了帮助孩子们经历这一过程，成人能够为他们做些什么呢？下面，我们以藤幼儿园的实践经验为例进行介绍。

● 日常生活才是"儿童发展"的起点

蒙台梭利教育分为"日常生活练习""感官教育""语言教育""算术教育""文化教育"五大领域。根据孩子们的发展特点，每个领域都有专门的教具。

首先要分享的是作为五大领域的出发点的"日常生活练习"。

可以说，这一点是蒙台梭利教育与其他以文化科学知识为中心的智育教育以及早期教育最不同的地方。蒙台梭利教育的目标是，让孩子们通过换衣服、穿脱鞋、整齐摆放物品、切东西……这些日常生活的基本动作，去锻炼身体和大脑的配合，直到他们可以如愿完成自己想做的事情。

2~3岁的孩子经常模仿成人，可以说，他们常常按捺不住自己非常想进行模仿的心情。这个时期他们可以在一定程度上自由地活动身体，所以正是让孩子们自己的事情自己做，并帮助家人做家务的最佳时机。

具体而言，孩子可以帮助妈妈或家里人洗衣服、熨烫衣服、扫地、擦灰、倒茶等家务劳动。因为孩子们非常想模仿，所以做家务对他们来说是非常快乐的活动。

因此，我们幼儿园里准备了适合孩子使用的实物教具，如熨斗、洗衣机、笤帚、菜刀

等，幼儿园还有利用针和线缝制衣服的"工作"。其中洗衣服和熨烫衣服的"工作"最具人气，想要参与这项"工作"的孩子们常常要排长队。

在蒙台梭利教育中，这类活动被称为"工作"。因为比起游戏来说，孩子们更加喜欢工作。也是为了与游戏活动区分开来，所以称为"工作"，以提示给孩子们。如果是既符合孩子们的成长特点，又能引发其兴趣的"工作"的话，孩子们会非常专注和干劲十足地投入其中。

大班最具人气的就是"用火柴点蜡烛"的工作，孩子们对这一"工作"有很大的兴趣。他们总是迫不及待地说"我想点"！但因为这是在使用火，所以在"工作"前要与孩子们做好约定，告诉他们正确的使用方法（在蒙台梭利教育中称之为"提示"）。

约定必须只有老师（成人）在场时才能进行"用火柴点蜡烛"的工作，不能用手触摸或用舌头舔火柴的火药部分，用过的火柴要放进装有水的容器里等。老师把孩子们必须遵守的规则一一进行动作示范。孩子们因为对"工作"兴趣十足，所以在老师提示时他们的神态显得非常严肃和认真。

进行实际操作后，很多孩子会说："火柴的火不好点。""火柴点着了有一点儿怕。"这样，孩子们也逐渐懂的了"正确使用的话，火也没什么可怕"及"火的重要性"。

划火柴的声音、蜡烛火焰的温度、随着空气的流动而不断变换形状的火焰、火熄灭后的烟味……通过这种工作，孩子们五感变得敏锐的同时，也掌握了科学的思考方法。

一提到针、熨斗、火柴，也有家长会有"孩子们不会受伤吗"这样的担心。但是，只要老师给予正确的引导，即使是孩子也不会采取危险的方法，不会发生受伤的情况。重要的是，我们要相信儿童的能力，在向他们传达正确的使用方法的基础上，默默地守护他们。

感官教育与语言教育、算术教育

我们在注重"日常生活练习"的同时，还重视孩子们的"感官教育"。蒙台梭利认为感官教育才是"所有教育的基础"，通过充分调动孩子们看（视觉）、触（触觉）、听（听觉）、闻（嗅觉）、尝（味觉）这五感，将世上的各种信息收进他们的大脑。

孩子们对颜色、形状、大小、长短、质量和各种物品的名称产生兴趣，并在进行排列、比较、收集同一形状的物品的操作过程中，不断地刺激和锻炼感觉器官的发展。

"日常生活练习"的主要目的是培养儿童身体协调能力的发展，因此所有的物品都能成为"日常生活练习"的教具，但"感官教育"的教具对大小、颜色、重量等都有明确的规定。

如"插座圆柱体"。这是培养儿童视觉的教具，由10个带抓手的圆柱和与其对应的有10个插孔的插座组成。练习通过视觉来判断高度和粗细，把不同直径的圆柱对应地放入插孔里，这能够培养儿童形成敏锐的观察能力，以及比较事物间相互关系的能力。

在日常生活当中，我们很少把精力集中于某一件事上，经常是边吃饭边聊天，边看电视边收拾房间等，同时受到各种各样的刺激。但是，在"感官教育"中是培养儿童将意识集中

在一个一个的感官上，利用对重量的感受、对形状的感受、对声音的感受等调动、培养五感。儿童时期接触过"日常生活练习""感官教育"的孩子，会自然而然地对"语言教育""算术教育"和"文化教育"等领域产生兴趣。

虽然孩子在时间和程度上存在着个体差异，但他们在生活中都会很自然地对读写文字感兴趣。如有的孩子与家人坐车出门的时候，喜欢读路边的各种标牌或广告牌，或问"那是什么字"等，这正是孩子对文字产生浓厚兴趣的表现。

提到"语言教育"这四个字或许有一些死板，但是藤幼儿园创设了一种能与文字自然接触的环境。比如，在藤幼儿园的小班，我们让孩子们盖文字橡皮章；我们还导入了砂纸文字板，孩子们可以用手指描摹砂纸做的平假名（日语文字）；老师在每个房间里贴上歌词卡，教孩子们新的歌曲。

特别是在话剧汇报演出的准备期间，每个孩子都在努力地记歌词、台词，练习得非常认真。因为当孩子了解了故事的内容后，就会对角色有一定的理解，进入到情境中"入戏"地表演，对于孩子们来说这是一种快乐和享受。

大班的孩子们是看文字记忆自己的台词。孩子能够在不断重复的过程中记忆不认识的字。

在演出过程中，当故事情节和语言得到结合时才能称为"会读"的程度。文字和与其所描述的事物对应上时，才是孩子们达到了"会读"的瞬间。他们在多次重复的过程中，不断地积累知识。

在幼儿园里提起"算术教育"，很多人就会感到惊讶。事实上并不是让幼儿一下子就进入到加减法，而是先让他们感受数的概念。

"算术教育"领域中，从小班开始导入教具"纺锤棒箱"和"0游戏"。"纺锤棒箱"是向写着数字0～9的小盒子里，放入对应数量的纺锤，让孩子们通过实际上将若干根纺锤棒拿在手里的体验来感受和理解数量。另外，把纺锤棒用橡皮筋捆绑起来，让孩子切身地感受分散的个数集合起来等于总数的概念。

在"0游戏"中，开始学习"0等于什么也没有"这样的具体的数字概念。游戏方法是每人按顺序抽取数字卡，只有自己才能看。接着，孩子从箱子中取出与自己手中卡片上数字相同数量的玻璃球摆在面前，直到这个过程还不能给其他小朋友看自己的卡片。大家都取出玻璃球之后，最后按顺序打开卡片，大家一起边点数边确认正误。

如果孩子理解了0的概念，抽取到0的卡片时就不拿玻璃球。通过这样的练习反复强化0的概念。

在成人眼里0是再简单不过的，但是对于孩子们来说理解"0＝什么也没有"的概念是相当困难的过程，相比于用语言去解释，通过用教具让孩子自然地掌握0的概念会更容易。

我在那个时候经常利用熟透的小西红柿进行指导。以数字"5"为例，孩子们都能读写，但还不知道到底是什么意思。这时，我从树上摘下5个西红柿，一个一个地吃下去。然后说"这是5个"下一个是"6"，这时我刚想摘下第6个，孩子们说："已经5个了，已经够了！"我就是用这种方式指导数字与数词，让孩子们理解数与量之间的一致性。

● 结合季节特点的文化教育

在文化教育中，可以利用能了解宇宙结构的教具、世界地图、日本地图等，孩子们通过在上面填涂颜色来感受世界，感受日本的地理和前人的智慧。但不涉及很难的内容，因为让孩子们感受日常生活中的知识，才是最好的文化教育。

蒙台梭利教育中十分重要的一部分就是实物化教育。实物化教育非常注重孩子与实物的互动，充分利用闻一闻、听一听、尝一尝等五感获得的各种体验。

例如，参与种水稻便是孩子们感受季节的重要体验之一。通过这样的工作或游戏，孩子们可以在一年中积累许多的经验。

下面，让我们一起看看藤幼儿园一年四季的文化教育吧。

春天，在迎接新生之际，大家会一起品尝从藤幼儿园的微笑农场采摘的新鲜草莓。

一天早晨，在园长办公桌旁摆放的圆圆的大簸箩里，装满了刚采摘的新鲜草莓，孩子们看到后围了过来并叽叽喳喳地开始了议论。

"园长老师，这些要怎么办呢？"

"闻起来真甜啊!"

"要分给哪个班级吗?"

孩子们看到我就问:"是给孩子们吃的? 还是给大人们吃的?"这时有一个大一点儿孩子自豪地跟一个小一点儿孩子说:"去年,我们吃过这样的草莓,非常好吃!"

这时正好有一个小班的小孩子走过来想摸摸草莓。我赶紧说:"不可以摸喔。这是大班小朋友的,小班小朋友下周才能吃。""现在,你们只能先闻闻"。我话音刚落孩子们便争先恐后地使劲儿地闻了起来。

"哇,好香!"

孩子们看着一大堆香甜诱人的草莓已经垂涎三尺,但是小班的孩子们下周才能吃,所以只能等待。这样,等待了一周后吃到的草莓才会更加香甜。

孩子看到草莓而产生的那种想吃的心情,我们当然是可以理解的,但却不能让他们什么都随心所欲。

我曾经对孩子们说过:"自己有选择自己想做的事情的自由,其他小朋友们也有选择自己想做的事情的自由。但是,如果两个人都想着自己想做什么就做什么,就会发生冲突。所以,我们就必须要遵守规则。自由的前提是要遵守规则。"久而久之,在草莓的事情上,即使我不说,这些孩子们也会心领神会。换言之,草莓也在帮助孩子们成长。

刚从地里采摘来的小草莓,味道完全不亚于超市里出售的大大的高价草莓。一旦尝了一口它的味道,连我也会不由得感叹"这才是草莓的味道"。草莓能够刺激孩子们的五感,给

孩子们带来许许多多的感受。

夏天，是在蓝天下、去房顶感受舒适凉风的季节。感受风也是我们进行蒙台梭利教育中的一环。在这里，孩子们会把在农场里掰下来的玉米扒皮后生吃，刚掰下来的玉米甜甜的，别有一番味道。

还有，夏季按照惯例会在幼儿园进行一天的夏令营。有流水素面、做泥团比赛等各种各样的活动，每年最有人气的是"找宝石"和"甲虫套环"游戏。

之前已经介绍过"找宝石"游戏，找宝石的舞台是藤幼儿园的沙池。每年的这个时期，老师们会将红宝石、紫水晶、石榴石、月长石等"宝石"埋藏在沙池里用来"寻宝"。

做游戏时不仅孩子们很入迷，家长们竟然也玩得忘乎所以！看来不管是孩子还是大人，都喜欢闪闪发光的东西。

在"甲虫套环"游戏场等待的孩子们排起了长龙。我们在教室里铺上大大的垫子，把200多只锹形虫和独角仙分散开。孩子们可以用套环套自己喜欢的甲虫，并将套中的甲虫带回家饲养。

秋天，是收割稻谷的季节。孩子们在6月参观插秧过程，然后一直照顾和等待稻谷的成熟。10月参观收割稻谷和晾晒，11月参观从稻谷中提取米粒的脱粒过程，以及怎样从米粒中去除谷壳和碾米的过程。最后，把新米做成香喷喷的米饭，在房顶上举行吃饭团活动。

孩子们在观察、触摸、嗅闻、品尝的过程中体验到了对日本人来讲几乎每天都在吃的大米是经过了多少工序才会变成米饭。最重要的是把粘在手指上的饭粒放进嘴里品尝的过程。这时，孩子们能从每一粒米中品尝到最纯正的大米的味道！我希望孩子们作为日本人不要忘记米饭原始的"纯真味道"。

而脱粒后的稻草，可以在年末的时候用手搓成稻草绳，用来编织新年的饰品。年后孩子们会把这些饰品拿到附近的神社焚烧，还原给土壤。这也是日本的文化——什么东西都不能浪费，都可以再利用。

晚秋时节，院子里飘落下的树叶积了厚厚的一层，被风吹得翩翩起舞。位于关东平原一角的东京都西部地区的立川市，或许是由于直面奥多摩和秩父连山吹来的风，让人觉得体感温度比起称之为"雪国"的地区还要寒冷。

为了让孩子们能够利用五感去体验这样的秋天，我们在庭院东侧建了一个边长约2米的正方形木栅栏，将落叶全部收集起来做成"落叶池"。这也很受孩子们的喜爱。

每天早上，孩子们一起收集落叶然后运到落叶池里。大家一起动手收集，"落叶池"很快变得满满的。孩子们跳进池子里就像在泳池里戏水一样，一会儿抛撒，一会儿"冲浪""潜水"……

有的孩子把身体埋起来享受"落叶浴"，有的孩子收集飞到落叶池旁的树叶……孩子们虽然在同一场所，但却以不同的方式享受着"落叶池"带来的无限欢乐。

落叶松软的感觉和味道、树叶摩擦时发出的沙沙的响声、树叶进到衣服里的刺痒痒的感觉等，我们希望他们能尽情地感受树叶给他们带来的原汁原味的体验。

我们希望孩子们以自身的肌肤去感受秋天，可以通过"感官体验"让秋天留在孩子们记忆中的某个地方。

临近冬天，是萝卜收获的季节。孩子们在农场与比自己个头还大的萝卜苦战，这样收获来的喜悦是无法言表的。

把自己拔出来的萝卜带回家做菜吃，这样一来，原本不喜欢吃萝卜的孩子也会变得喜欢吃了。

"专注现象"与"正常化"

经常有人问："蒙台梭利教育使用什么样的教具呢?"

蒙台梭利教育的教具有几百种，也可以说这是蒙台梭利教育最大的特征吧。但是，蒙台梭利教育的精髓并不在于使用教具，也不是拘泥于使用所有的教具，更不能说只有当孩子们面对教具的时间才是蒙台梭利教育的时间。

只要是能引起孩子们"想试一下"的兴趣的东西就可以。哪怕是洗抹布、数黄瓜、盛汤，这也都是蒙台梭利教育的一部分。如果能仔细琢磨利用日常生活中的资源，即使不使用高档的教具，也能轻松实现蒙台梭利教育。

最重要的是，孩子们是否能够发现让自己全神贯注的事物。孩子们只要发现自己喜欢的事情就会表现出惊人的专注力，我们把这种表现叫作"专注现象"。

例如，有的孩子玩陀螺入了迷，别人跟他打招呼他都听不见，这就是"专注现象"。孩子们一旦对某件事情表现出专注现象，就会不断重复做同样的事情。当他会玩或会做之后就能体会到从内心深处迸发出来的无比的满足与喜悦。这种成功的体验正是促使儿童不断挑战新事物的原动力。

有一种"扣纽扣"的工作，顾名思义就是扣衣服上的纽扣。园里所有的孩子都参加，有的孩子一开始就扣得很好，但有的孩子却迟迟扣不上。有一个起初怎么也扣不上扣子的女孩子，最后她在集中精力不断重复的过程中终于成功了。在那之后，当到了小朋友们该穿带纽扣的围裙时，这个小女孩竟然会主动去帮助其他小朋友扣纽扣呢。那时的她，满脸都闪烁着自信的光芒。

就像这个小女孩一样，经历过"专注现象"后表现出来的状态，我们称之为"正常化"。也就是说，这是孩子本来所具有的能力得到正常的发挥时的状态，这不同于单纯掌握技能后的状态。

在体验过"专注现象"并充分发挥自我成长能力的孩子身上，我们可以看到各种各样的变化。首先，手指和身体动作能按照自己的想法活动自如。其次，在精神上也有了情绪稳定、自主性和自信心加强、注意力提高等现象。另外，孩子的正义感也会增强，对其他孩子的态度也会变得更加温柔。

这种"专注现象"并非无论何时何地都会发生。这是属于幼儿时期的特有现象，会表现在特定时期和特定的事物上，当然也存在个体差异。

● 儿童的"敏感期"

玛丽亚·蒙台梭利发现，孩子们在通往自立的过程中，有一个时期会对特定事物的感受能力（兴趣和关心）增强，她将其称为"敏感期"。

处于敏感期内的孩子，如果处在能激发他们这种感受力的环境中，会异乎寻常地飞速成长。儿童各种敏感期的出现，具有特定的时期，并表现出下列特征。

①语言敏感期：7个月～3岁前后——口语能力的发展

　　　　　　　3岁半～5岁半——文字能力的发展

②秩序敏感期：6个月～6岁前后——随后会慢慢地消失

③细微事物敏感期：2～3岁

④感官敏感期：0～3岁前——通过潜意识的吸收性心智吸收周围事物

　　　　　　　3～6岁——透过感官分析、整理、判断环境里的事物

⑤动作敏感期：0～3岁——肢体动作、运动协调性的发展

⑥数字敏感期：4～5岁

⑦文化敏感期：4～5岁

⑧礼仪和礼貌敏感期：3～6岁

在此着重介绍一下"秩序敏感期"和"感官敏感期"。

所谓"秩序敏感期"，是指孩子不喜欢未曾走过的路，例如，孩子去河边或沙滩只拾白色石子儿，只收集同一颜色的贝壳儿等行为。这就可以说明孩子的秩序感已经开始萌芽。

前文中说过，藤幼儿园在洗手间入口的地板上画有摆放拖鞋位置的线框，孩子们进出洗手间时一看到图形就会很整齐地将拖鞋摆放在线框里，这就是利用孩子们的秩序敏感期。

有一个3岁的孩子，将自己的拖鞋摆放整齐后，还站在旁边等待着准备摆放下一个小朋友的拖鞋。他细心地将拖鞋正正好好地摆进线框里，哪怕有一点不齐，好像就很不满意。这样的举动真的很可爱！

全部摆放整齐后，他终于对自己的行为感到安心和满足，体会着"我做到了"的成就感。另外，这样还培养了孩子们为了下一个使用的人提供方便、设身处地为他人着想的关爱之心。

只有这样的满足感才能给孩子们带来"我能行""我做到了"的自信。在这样的过程中孩子的自信积累得越来越多，这样能够让孩子慢慢走向自立。

"感官敏感期"的第一个时期是0～3岁前。在这个时期，孩子会无意识地吸收并积累周围发生的事情，通过五感将看到过的、听到过的、触摸过的、吃过的、闻到过的印象存储下来。

儿童把3岁以前的种种体验以混沌的状态储存于大脑中，但3岁以后大脑会对这些印象进行整理，利用五感对事物细微的差别和不同建立秩序、培养感性。

在藤幼儿园附设的"微笑蛋蛋保育室"，保育着0到2周岁的孩子，这里也为配合孩子们的敏感期，创设了各种各样能够刺激五感的环境。

例如，0岁孩子非常喜欢"往下扔东西"，所以我们选择使用"落球"等教具。"落球"是指在塑料容器的盖子上穿孔后，不断地往盖子的小孔里投玻璃球。

1岁孩子处于"手指动作"敏感期。孩子们很喜欢玩儿"做团子①"游戏，在泡沫球上缠绕各种颜色的毛线，再用竹签把毛线球串起来，团子就完成了。

2岁的孩子就进入了"什么都想自己做"的时期。在这个时期他们对尼龙搭扣和扣纽扣等动作兴趣盎然。因此，我们在保育中采用了"饭团纽扣"的教具，让孩子们挑战利用按扣和纽扣做三角形状的饭团。还会利用"寿司"教具，让孩子们将尼龙搭扣当作紫菜，轱辘轱辘地卷起来完成做寿司的工作。

①　译者注：团子是日本常见的传统食品之一，常用糯米粉制成，外形酷似元宵。通常有粉、白、绿、茶等颜色，有草莓、蜂蜜、酱油等多种口味。通常用竹签把2个以上的团子穿成串售卖。

● 成人的作用是保障儿童的自由

蒙台梭利认为环境是教育的关键因素。儿童并非只因成人的教育才获得成长，在与环境的相互作用过程中也在获得成长。

以往的教育观是以教师教授儿童的单向关系为前提的，但是蒙台梭利在此基础上增加了环境，强调了三者之间的重要性。为了使教育的力量得到充分发挥，适宜的环境和时机就尤为重要。

首先，在环境中非常重要的一部分是孩子能够自由自主地进行选择。实施蒙台梭利教育的幼儿园在房间里整齐有序地摆放着各种各样的教具。老师事先提示孩子们"有这样那样的东西"和它们的使用方法，至于选择什么，完全由孩子们自己决定。

孩子们从多种教具中选择自己感兴趣的东西，并亲自取回来进行活动。活动结束后整齐地放回原处，方便下一个人使用。就这样，成人事先准备好孩子们能自由选择并投身其中的环境，"提示"孩子们可供使用的教具或可供选择的"工作"，让孩子们自由地"选择"。

其次，实施蒙台梭利教育的幼儿园不会按照孩子们的年龄分班，而是采用不同年龄段的孩子并存的混龄教育。藤幼儿园也是如此（3～4岁幼儿混龄保育）。

不同年龄段的孩子共同生活，年龄小的孩子模仿哥哥姐姐的举止，而年龄大的孩子则会耐心、温柔地对待弟弟妹妹，孩子们都可以从中积累到很多的经验。就这样大孩子照顾小孩子，而小孩子看着大孩子的举止长大，这让他们也逐渐学会了等待、学会了为他人着想。

蒙台梭利发现，当孩子在与自己同年龄的伙伴学习时难以发展自我控制能力。虽然孩子们在同年龄班级学习的效率会很高，但却会助长孩子们过多的竞争意识，孩子之间的关系容易变得比较僵硬、缺乏和谐。

另外，在教育中不可或缺的是教师。尊重孩子们的想法、尊重孩子们的自主选择是蒙台梭利教育的基本，那么教师应在其中发挥怎样的作用呢？

蒙台梭利认为老师并非是"教的人"，而是细心观察孩子，提出适宜建议的支持者。

她的基本理念是"孩子具有与生俱来地使自己成长发展的能力"，"成人（父母或老师）应充分了解孩子们的需求，保障和支持孩子们的自主活动"。

教师的工作应是提供与儿童成长阶段特点相符合的环境、教具和工具，并告诉他们如何操作。

教师存在的作用是保障孩子们的自由。教师应尊重每个孩子独特的个性和发展特点，以帮助孩子获得适合成长的心态，与孩子们保持适度的距离。

"Help me, do it myself."（请帮助我，让我能自己做。）

这句话的意思是，成人给孩子们准备适宜的环境、材料、工具等，帮助孩子们在其中发现自己感兴趣的活动，给他们提供磨炼自己现有能力的机会。

仔细观察孩子们，察觉孩子们的敏感期，发现孩子们的成长动态；既理解每个年龄段共有的规律特点，又尊重个体差异。我认为教师们能否看透这些才是教育的关键所在。

● 育儿文化中的"照顾"与"自立"

从蒙台梭利教育的本质要素来看，日本的传统文化和风土人情已具备了蒙台梭利教育良好的环境基础。

例如，鞋子要摆放整齐、随手关门等都是日本文化中极其普遍的行为和习惯。这已经与蒙台梭利教育中的"日常生活练习"相一致。

日式房间，大多是由4张半或6张榻榻米组合而成的，其实这也与蒙台梭利教育中"算术教育"的本质相符合。在传统的日本文化中有像这样与蒙台梭利教育相吻合的一面，但同时也有与蒙台梭利教育不相容的一面。

那就是一直以来日本育儿文化中"娇惯"孩子的文化。这与蒙台梭利教育中重视"自立"是相违背的。

通常情况下，儿童会经历这样的过程：孩子刚出生后父母在家里"照顾"孩子；等到了一岁左右会一摇一晃地走路时，就开始在妈妈的带领下到附近的公园（有沙池、滑梯、秋千等游戏设施的社区儿童游乐场所）接触小朋友、接触社区的生活；然后进入保育所、幼儿园中度过"集体生活"，学习各种各样的技能；幼儿园毕业后便进入小学。

我认为日本育儿文化长期处在逗引孩子、讨好孩子、照顾孩子的阶段，为此我感到非常遗憾。有时孩子过了20岁还在被照顾，这其实是剥夺了孩子自立的机会。

这种现象也许在日本经济发达时期尚可接受，但我们所处的社会环境正在发生激烈的变化。

当今的孩子们长大成人之后，世界会以更快的速度发生变化。目前人工智能和机器人技术飞速发展，据预测10～20年之后，现有的一半职业都会消失。

为此，孩子们应该掌握什么样的能力呢？毫无疑问，未来的时代需要具有自主思考和创新工作能力的人。我希望孩子们能拥有凭借自己的智慧生存下去的能力，拥有不论走到世界的哪个角落都可以通用的能力，而我认为这种能力源于兴趣和热爱，毕竟常言道"好者能精"。

第三章 ◐ 幼儿园里的孩子们

● 与孩子相处的价值

1994年，我继承了父亲创办的幼儿园，那年我37岁。在这之前，我作为一名上班族在一家民营食品企业做总务工作，后来又经营了自己的小公司。一直以来，在我模糊的意识里，始终认为将来的某一天我肯定是要继承幼儿园工作的。而真正的契机是幼儿园的校车司机因为得了流感而不得不休息几日，父亲很为难地拜托我，"希望你能帮忙顶一周左右"。虽然我觉得一周的时间有点长，但还是答应了担任临时校车司机这个工作。

开始工作后我最初的感受是"孩子们可真吵啊"！但是一周之后，当我在心里默想"哎呀，终于结束了"时，孩子们围过来抱着我的腿说"我们一起玩儿吧"。

孩子们的这一句话，竟然使一个一直以来只想着金钱收益的人心里涌起了一股莫名的热流。

我仅仅是在为期一周的短暂时间里开车接送他们的人而已，但孩子们却当作是认识多年的老朋友一样对待。

"和孩子们一起玩儿，原来是一件很有价值的事啊！"

我开始对自己心灵深处的这种震撼感到吃惊。我不由得自言自语道："哎！我是不是忘记了最重要的东西了？丈八灯台——照远不照近啊！"

我一直认为经营幼儿园还是离我很遥远的事情，但既然想继承父亲的幼儿园也许不如现在就开始。再看看自己的周围也有很多年轻的园长，"那我也一定可以"，就这样我暗暗地下定了决心。

在民营企业积累了一定工作经验的我审视幼儿园时常想，幼儿园在运营时有很多陈旧观念，有些地方也跟不上时代的步伐了。

还有一件令我非常吃惊的事情是，一到暑假或寒假时幼儿园老师也放假了。跟一般企业相比幼儿园老师的工作日数和时间较少，自然工资也较低。这些在幼儿园好像是理所应当的事情，却有些颠覆我的民营企业常识。

既然我意识到了这些问题，藤幼儿园就不能这样继续下去了，要适度借鉴企业的运营模式。也许有些人认为幼儿园就应该是这样，但幼儿园也是社会事业体的一部分，如果幼儿园不能与社会同步发展，那么迟早会被淘汰的。因为不管幼儿园多么想要提供优质教育，但如果人们不选择你的幼儿园那任何事情也就无从谈起了。

当时的藤幼儿园和现在一样，也是风儿穿过满园绿色的、美丽而舒服的地方。我望着大榉树在心里发誓："我一定要把如此美好的幼儿园里存在的问题逐个击破"。

● 让孩子的生活看得见

对于孩子们来说，幼儿园是他们第一次经历与父母和家人分开生活的场所。孩子们在春季入园后不久开始适应幼儿园的各个房间，记住自己的班级和座位以及主班老师，渐渐习惯幼儿园的一日生活。

孩子们逐渐学会揣测"现在要做什么，接下来又要做什么"，并开始他们在集体生活中的活动。通过体验集体生活中的约定和顺序，孩子们逐渐积累心灵和行动上的各种成长经验。

那么下面，我将介绍藤幼儿园孩子们的一日生活，并穿插说明我所认为的幼儿园应该拥有的教育理念。

孩子们的一天是从"问好"开始的。在入园时间，我和门卫会站在正门前迎接孩子们的到来，孩子们在大门口向我们问好之后进入幼儿园。我认为进入社会的入口就是"互相问好和寒暄"。

通过早晨的问好，能让孩子们体会到"互相问好真开心"的感觉。因此，我们也鼓励孩子们在家里与家人、邻里互相问好。在幼儿园里有礼貌的孩子，在家里也很有礼貌。同时，

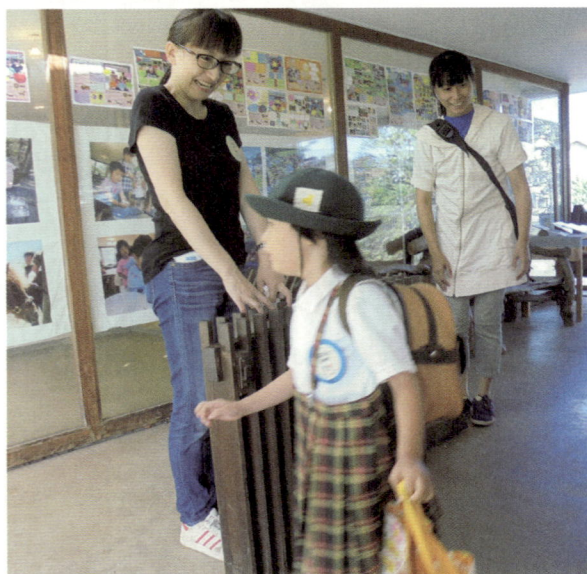

越是喜欢互相问好的孩子，越是能安心地度过幼儿园生活并茁壮成长。

关于早晨问好有很多喜人的经验。有一次我站在门口仰望着新绿的树木，从背后传来精力充沛的"早上好"的问好声。回头一看是刚入园不久的孩子，非常正式地停住并站在那里向我行礼问好。这种问好在社会礼仪教育中被称为"站定鞠躬礼"，一般成人也不太容易做到，这肯定是得益于良好的家庭教育吧。

常常有人认为这种"站定鞠躬礼"并没有什么，但被问好的人会感到自己受到了尊重，并能充分体会到对方的心情。这样被问候的人也会尊重对方并表示敬意，这为互相建立良好的人际关系打下了良好的基础。

孩子3~6岁这段时期，在蒙台梭利教育中被认为是"礼仪敏感期"，是养成规矩、学习待人接物的最佳时期。

进入幼儿园正门之后，就可以看到一块木牌。

这是我与大家进行问候交流的地方，我常把自己突然想到或感受到的事情记录在这块木牌上与大家分享，如"亲子郊游，虽是一日，回忆一生"等短句，有时会根据心情更换一些内容。

再往里面走，隔着玻璃就可以看见展示着幼儿园活动的动画。这在某种程度上反映了由书本到图像再到动画这种从文字到视觉动态的传递信息方式的变迁过程。

那么，我们为什么这么积极地采用这些宣传方式呢？事实上，我们旨在通过这种方式向外界传递幼儿园的各种信息，将幼儿园公开示人。希望人们不再是"不知道孩子在幼儿园都

干些什么"，而是路过的人或社区的人都可以了解到"哦，孩子们今天去郊游""孩子们正在进行这样的活动呢"等。总而言之，就是向社会传递我们的信息。

住在附近的一位老妇人，几年来一直收集我写在幼儿园木牌上的内容，她比我还清楚地知道至今为止我所发出的信息。我非常高兴并且十分感谢这位老妇人，因为她愿意接受和理解作为这个社区一员的幼儿园园长的所思所想。

● 想穿什么颜色的 T 恤呢

藤幼儿园的孩子们都穿园服。幼儿园的园服在集体生活当中能够起到提醒孩子们时间、地点、场合的作用，也能达到提醒孩子以幼儿园学生的身份约束自己的行为和遵守礼节礼仪的教育效果。

我认为服装一般来讲应该是自由的，不能抹杀孩子们的个性。但是站在父母的立场想的话，孩子们的服装是每天都需要考虑的事情，为了减轻家长的负担，所以我们定制了园服。

以前藤幼儿园也有园服，但那时的园服的价格比较昂贵，并对好动的孩子们来说有些过于死板。如果衣服弄脏了，还需要送到洗衣店去洗，所以家长总是嘱咐孩子们"不要弄脏衣服"。但告诉3岁左右的孩子不要弄脏衣服是一个勉强而无理的要求，所以我们下决心将园服换成了轻便舒适并且容易清洗的服装。帽子也从冬季和夏季两种款式，换成了现在的一年四季都通用的帽子。

早晨孩子们进班之后的第一件事情就是"换衣服"。把来园时穿的衣服换成幼儿园内穿的舒适的衣服。孩子们更换的园内穿的衣服一般都是幼儿园原创的T恤，很多孩子都喜欢穿。

这个T恤是由佐藤可士和先生以幼儿园标志为图案专为藤幼儿园设计的。这在教职工办公室的入口以及藤幼儿园的官网上都可以购买。

孩子们特别喜欢这个T恤，他们可以自己随意选择长袖或短袖，而且穿着也很舒服。另外T恤有八种颜色：红色、水蓝色、绿色、黄色、白色、灰色、紫色和粉红色，可供孩子自由选择。有的孩子还请求家长将T恤作为奖励买给自己。

经常也有人问："这是园服吗?"我会回答说："不是。只是一般的T恤。"有时候只不过是

孩子们碰巧在幼儿园里都穿了藤幼儿园的T恤。虽然大多数孩子都选择穿T恤，但每个班级并不规定孩子们一定要穿相同的颜色。因为每个人的喜好各不相同，我们希望尽可能地接纳和认可每个孩子的个性。我们想利用周围的点滴环境让孩子们意识到"自己想做什么？""我要把自己的意向充分表达出来！我要把自己的想法大胆地表述出来！"

顺便说一下，换下来的来园时穿的衣服孩子们都要自己叠好。刚入园时说"我不会"的孩子也在每天练习，还会去主动询问老师："怎么叠啊？""这么叠，对吗？"

可以自由支配的时间

　　每天孩子们有两小时的"自学自习"时间，第一次是上午9点到10点，第二次是下午1点到2点。

　　在这段时间，孩子们愿意做什么就做什么。既可以选择在室内"工作"，也可以选择在室外尽情地奔跑。

　　有的孩子非常喜欢连接房顶和庭院的大滑梯，而且他们会非常有秩序地排队使用。

　　有的孩子在木制板的房顶上像正在进行田径比赛一样一圈又一圈地跑。甚至有的孩子只在上午就能跑上30圈。一圈近200米的跑道上跑30圈意味着他跑了将近6000米！我想，在这里说不定跑出来个未来的奥运选手呢！

　　在室内的孩子们将蒙台梭利教具从架子上拿下来，放到桌子或地板上工作。工作结束后又整齐地放回架子上，便于下一个孩子继续使用。

　　架子上有各种各样的教具，其中也有使用火的教具。像这种弄错使用方法就会发生危险的教具，孩子们使用时老师会在旁边一个个地指导。

　　这个时间段老师的工作是给孩子们准备好能自由活动的环境，鼓励孩子们自主选择和自由活动。这不是统一的活动时间，所以也不会统一要求孩子们玩固定的游戏。老师教，孩子们就不能主动学习，而他们的特点是，你越不教，他越想学。

　　老师即使什么都不说，孩子们也会自己决定玩什么。拿房顶上的跑步为例，孩子们常常自己发明独特的规则或新的玩法，如"接力赛"等。"不教孩子们"才能从真正的意义上促进孩子们的自主成长。

　　自由学习的时间结束之后，从10点到12点是"方案教学、集体教育、节日活动"等保育时间。在这个时间老师"提示"新教具，指导孩子们学习新教具的使用方法，拓展孩子们新的"工作"内容。在这个时间段里孩子们还会进行学唱与季节相关的歌曲等各种各样的活动。

是吃幼儿园的午餐，还是吃从家里带来的便当呢

12点开始是孩子们盼望已久的午餐时间。

园内有一座叫作"儿童美食厅"的建筑，里面有各色各样的厨房设备，每天会制作出包括幼儿和教职工在内的700人的午餐。

但是，大家吃的午餐并不是一样的，孩子们可以自己决定是吃幼儿园的统一午餐（以下简称为：园餐），还是吃自己从家带来的便当。对此，幼儿园没有统一的规定和要求，不过如果吃园餐是需要提前预订的。

蒙台梭利教育中最重要的观点之一是尊重"多样性"。日本社会具有想要与大家都一样的"随波逐流"的一面。但在当今社会，随着时代的变化，越来越强调尊重人们的个性、尊重每个人的人格。

在孩子们的午餐上也不例外。为了让孩子们充分表达自己的想法，我们会经常询问孩子们"你想怎么样呢"，让孩子们说出自己是想吃便当还是园餐，鼓励孩子们表达自己的意见。

尽管这么说，我还是认为妈妈或者家人亲手制作的便当是最好的。因为孩子们在幼儿园虽然妈妈不在身边，但打开便当盒闻到饭菜香味的瞬间就能想起妈妈，感受到妈妈的爱。

有一首老歌中有这样的歌词："在不在一起的时间里，培养爱。"对于孩子们来说，妈妈做的便当具有特别的意义。当然，也不必做到每天都是便当。但是，如果在特殊的日子里能为孩子精心准备一份便当，孩子们会开心得眼睛闪闪发亮。

其实幼儿园的园餐很受孩子们的欢迎，所以90%的孩子会选择园餐。幼儿园针对有食物过敏的孩子另外准备园餐，会为他们去掉过敏的食材，最大限度地满足每个孩子的特殊需求。而且，为了防止误食等危险事故的发生，我们建立和完善了各种食品安全的制度与对策。有时遇到幼儿园午餐的食谱中过敏原太多的情况，就会请家长给孩子带便当。对孩子们来说，妈妈做的"便当"＝"好棒啊"。所以，孩子们即使是因食物过敏不能吃到园餐，也不会感到失落。

顺便说一下，儿童美食厅里面有一个大房间，在这里各班每学期会举行一到两次"家庭午餐日"。午餐日当天家长会来园和孩子们共进午餐、共享快乐。

　　午餐前，作为藤幼儿园特色的蒙台梭利教育的一环就是孩子们自己擦桌子准备就餐。洗毛巾、拧毛巾、擦桌子，值日生分发饭菜、倒茶水等。幼儿园给孩子们准备的茶水是大麦茶，即便是食物过敏的孩子也能饮用。

　　午餐前会有孩子负责按铃，用铃声告诉在室外玩耍的小朋友午餐时间到了，这也是孩子们的工作。

　　大班孩子们还有分餐的工作。不管是做什么样的工作，孩子们都非常享受并会努力去完成。孩子们很高兴自己能被分配到工作任务。

　　如果进餐时茶水洒了，孩子们也会自己找毛巾擦；如果洗手时发现洗手池周围湿了也会自己主动找抹布擦干净。即使老师不做指示，孩子们也都会自觉地去做，所以房间总是很干净整洁。

　　孩子们在开始做任何事情的时候总会做得磕磕绊绊，但是在反反复复练习的过程中，逐

渐会变得游刃有余。就像叠围裙的值日生，最终叠围裙的熟练程度就像折纸一样。看着孩子们自主而活泼有生气的行动，我们感到非常欣慰。

藤幼儿园午餐的材料非常讲究，我们采用被称为万能食品的玄米、五谷米、十谷米、胚芽米、古代米等，并且不使用任何化学调料，还严格把关水、盐和酱油等材料的产地。

每日菜单以日本料理为主，如"大分县的丸子汤"，偶尔也会提供各地区的乡土料理或其他美味实惠的传统料理，有时会出现孩子们从来没有吃过或听说过的世界各地的料理，给孩子们一个大大的惊喜，如"柠檬鸡"。顺便说明一下，"柠檬鸡"是塞内加尔柠檬风味的鸡肉料理，通过让孩子们吃这个料理，引出塞内加尔的地理位置和国旗、非洲等许许多多的话题……

这些特殊的美食都有专门的老师负责。这些老师们与管理营养师协商并开发新品种的料理。老师们非常乐于从事这样具有创意的工作。

● 品尝亲手种下的蔬菜

　　藤幼儿园有一个"微笑农场"。幼儿园午餐用的食材，尽量采用自己栽培的无农药的各种蔬菜和水果。有时孩子们可以吃到像土豆、玉米、地瓜等自己种植、自己收获的蔬菜。丰收时孩子们还可以拿回家与家人分享。

　　现在农场里一年四季都有大量的农作物产出。农场曾经一下子种了4000棵萝卜，几乎天天都有萝卜料理，最后我差点连看都不愿意看萝卜了。由此次经验我们悟出"顺序完全弄反了啊"！我们应该先制订食谱之后，再有计划地种植各种农作物才对。

　　种植农作物的基本概念是"新鲜、当地、有机"，目标是"从农场直接到餐桌"。据说美国已经普及"从农场到餐桌"，即由农场把新鲜而安全的食物直接配送到客户家里的供应方法。

　　我们还参考了爱丽丝·沃特斯的"可食用的校园"方案。爱丽丝是提出"自产自销"概念的著名的料理家，被称为"有机料理之母"。

　　她基于"饮食改变世界"的理念，在加利福尼亚州巴克利，尝试实施了饮食教育菜园，

现在已经成为全美的模范学校菜园。如今仅在加利福尼亚州，从幼儿园到大学已有3000多所学校实施了校内菜园，收获颇丰。

简单介绍一下她的一部分尝试和经验。曾经在巴克利的一所学校里，停车场因为各种涂鸦而荒废，于是爱丽丝与校长协商，将水泥墙推倒之后改为田地，就这样开始了校内菜园的种植。刚开始不得已帮忙的不良少年们，不久便对农活渐渐产生了兴趣，不仅开始学习种田的相关知识，更为了有效划分田地开始学习算术。在这样那样的过程当中，孩子们和当地的环境都发生了变化。我认为爱丽丝将教育和菜园联系起来的做法非常好，这就是启发我们开设幼儿园农场的契机。

几年前，我也参访过这所学校，是一所将学习和农业一体化做得非常出色的学校。顺便说一下，爱丽丝也曾是蒙台梭利教育的教师！

为了 22 世纪的 "妈妈的味道"

在幼儿园餐厅就餐的孩子们慢慢长大，将来也会变成老人，那时或许也会想起他们儿时吃过的幼儿园午餐的味道吧。那时就该是22世纪了。为了给孩子们留下美好的回忆，我们想珍惜孩子们的现在。

"以前，在幼儿园吃过那样的饭，你还记得吗?"

"还吃过那种味道的咖喱饭呢。"

为了让孩子们在未来，回想起现在幼儿园的午餐时能够发出这样的感叹，我们在努力地调制着 "22世纪妈妈的味道"。

但是，有一天午餐时我发现了这样的情形。大班的35人中，用筷子的孩子有6人，4个人用辅助筷子，其他孩子都在使用小勺或叉子。我说："大家还不会用筷子啊。"话音刚落，孩子们就立刻齐刷刷地拿出筷子，自如地用筷子吃了起来。

我问："为什么刚才你们不用筷子呀？你们用筷子用得也很好嘛！"

孩子们回答说："可是，小勺更简单啊！"

不只是从筷子到小勺、叉子的变化，孩子们所处的环境也正在朝着简便化的方向变化，如从运动鞋到拖鞋、从书本到电子书。我站在那里想："这样孩子们能成长吗？"

一直以来，我还在午餐时演这样的小把戏。那就是每天去不同的班级，一边说"啊！我发现了一个掉下来的苹果"，一边故意地要伸手去拿孩子们盘中的水果。

这时孩子们"啪"地拍打我的手，边笑边说："别人的东西，不能随便拿呀！"

其实，我就是希望孩子们能做出这样的反应而故意做的。刚开始的时候，只是无意中看到孩子们的午餐盘上的草莓看起来很好吃，就故意伸手去拿，但很多孩子只是默默地看着而已。

现在的孩子们几乎没有"自己的东西被别人拿走了那可不得了"的意识。因为互相抢着吃的兄弟姐妹也少，东西没了也能马上得到补充。他们体验不到兄弟姐妹们一起切一个西瓜吃时，不快一点儿吃就被人吃光了，或者比着哪一块儿大、哪一块儿小等问题争吵着吃的感觉。

民以食为天。食物对于大多数动物来讲，原本便是自己不争取就有可能吃不到的。食物被夺走意味着生存遇到了威胁。所以，虽然这看起来只是一个不起眼的玩笑，但在这样的日常生活中，让孩子们持有一点危机意识是非常重要的。

最近，当我午餐时间进班时会发现，有越来越多的孩子开始用手盖住苹果等水果。我希望利用这样的日常生活中的交流，培养出孩子们的危机意识。

● 绘本与大脑发展的关系

快乐的午餐时间结束后，稍事休息，下午1点到2点又是与上午一样的自由学习时间。孩子们从午餐中得到了能量，又开始尽情地玩耍。

下午2点，快到离园时间时，老师开始给孩子们读绘本，孩子们个个倾耳拭目。据说早晨来园之后就有好几个孩子来问老师："今天读什么绘本呢？"不知孩子们是否是为了快点听老师讲绘本，总之回家的准备也能够利索地完成。

一旦老师开始读绘本，孩子们就会发挥出惊人的注意力，全神贯注。时而大笑，时而惊讶，时而惟妙惟肖地模仿老师，孩子们天真无邪的反应真是可爱极了。刚读完最后一页，孩子们就会说："明天还想听！"第二天，老师会把这本图画书放在班级里，这次孩子们会自己拿来阅读。有的孩子仔细看图后又有新的发现，有的孩子讲给其他小伙伴儿听。

老师声情并茂地阅读，会让孩子们体会到故事中的氛围，孩子们能感受到自己呼吸的节奏和老师翻页时的紧张、激动的心情。根据老师声音的变化，预想故事情节的发展，能让孩子们的想象力得到发展。可以说阅读绘本是培养孩子们自主思考能力、想象力和主动学习能

力的一种形式。难道这不正说明阅读绘本能促进孩子们大脑的发展，培养孩子们发现微妙区别的能力，真正意义上的理解能力和生存能力吗？

● 园长办公桌前面的世界

园长办公桌前摆放着时令蔬菜和昆虫等动植物。

自由学习时间孩子跑过来津津有味地观察或触摸各种动植物，有时嘴里还喊着"这是独角仙"。

有的孩子还拿着老师们休息日从溪谷抓来的小龙虾很自豪地说"我能抓着它"！我一边开玩笑地说"小龙虾会咬你呀"，一边做祈祷的样子，孩子咯咯地笑着继续去抓小龙虾玩儿。

夏季接触虫子或蔬菜的机会增多，孩子们看图片认识这些并不是坏事，但最好还是尽量给他们提供触摸实物，直接感触实物的机会。

孩子们充满了好奇心，他们把微笑农场里收获的黄瓜、茄子、秋葵、南瓜等蔬菜拿在手里，感受这些蔬菜的重量、触感以及季节的变化。想让孩子们通过触摸去了解事物这一灵感，来自20多年前访问美国西雅图"儿童博物馆"时的经验。

这个博物馆的基本做法是"Hands On"，也就是说可以拿在手上摸摸看。这家博物馆与一般禁止触摸展品的博物馆、美术馆不同，所有的展品都可以触摸。我对此理念产生了共

鸣，并加以改良引进到了藤幼儿园。

这相当于蒙台梭利教育中的感官教育领域。在孩提时代相比于抽象的东西，这些具体物品的实际体验，能使孩子们获得更多的经验，加深对事物的理解。

通过各种各样的真实体验获得的发现和惊讶才是重要的。我经常说"惊讶是理解的开始"。发现和惊讶只能是孩子们亲自感觉和理解到的东西，大人是教不会的。因此，我们想尽量多给孩子们创造接触各种事物的环境。

现在的孩子们最开始接触的物品可以说是平板电脑，它可以查询物品名称或特征，是认识事物的好帮手。但借助网络的学习，让教育成了单方面的一般性的"知识传递"。这些知识的传递固然有其必要性和重要性，但是在能够轻而易举地查询到任何信息的现代社会中，对孩子们来说真正需要的反而是"自己体验、思考、行动的能力"。在自主思考的过程中，大脑才能得到刺激和发育。

关于大脑的发育再补充一点。

前阵子，美国一位名叫玛莎·卡费箔德的女性教育顾问来访藤幼儿园。她说脑神经元运动活泼便会增强神经细胞之间的联系，并随时间流逝愈加牢固，这一过程就是大脑成长发育的过程，是加大脑发展的机制。

参观幼儿园之后，教授说："这是非常有助于大脑发育的建筑物。"她说一般的四方形的教室环境是与大脑的发育相对立的结构。而大脑是非常想学习的"学习脏器"。

她还说重要的是不仅可以欣赏蔬菜、昆虫、鱼或花，更重要的是能用手触摸的环境，让孩子们可以体验到发现各种现象的变化过程。听了这一席话后更加坚定了我"让孩子们直接感触实物教育"的信念。

她说孩子成长过程中的关键是三个H，即手（Hand）、心（Heart）、脑（Head）。用手触摸事物的实体，用心灵去了解事物的特征，用大脑去想象事物间的各种关联。也就是说，孩子们在自主感受、发现、思考、行动这样一系列的过程中，才能更好地成长。

孩子们向往的延时保育

下午两点之后，有的孩子回家了，也有许多孩子留到傍晚才回家。这是因为家长给这些孩子们申请了延时保育。

一般延时保育是面向那些因为家长有工作而无法按时被接走的孩子们，但藤幼儿园却没有这样的限制，只要家长申请便可以参加。这是因为孩子们回家后，有的孩子在家里只看电视、玩游戏，有的父母担心孩子在外面玩耍时会发生意外事故，还有的孩子根本没有小伙伴儿能一起玩等。每个家庭都有各自的困难和担忧。就孩子们的成长环境来说，即使孩子们放学回家有人照顾，也不如在幼儿园和小朋友们一起玩耍，更何况在幼儿园还可以体验到各种各样的民间传统游戏。

在星期六的延时保育中，有这样一个孩子，就算是星期六他也很想跟幼儿园的小朋友一起玩，所以他每周六都会来幼儿园。他的妈妈闲来无事，最终决定开始找工作上班。

藤幼儿园的延时保育因老师们提出的各种各样的活动方案，所以很受孩子们的喜爱。

例如，有一个名叫"绘本接力赛"的历时一个月的活动。老师们共同合作，每天一位老师选择一本自己喜欢的绘本，用接力的方式给孩子们进行阅读分享。

另外，还有"在房顶上的野餐""妖怪VS孩子的赛跑""用神奇的眼镜看一看""石头、剪子、布大会""华丽的果汁大会"等，每天的活动项目几乎没有重样，个个妙趣横生。

星期六的幼儿园

在幼儿园休息的星期六，我们也会募集参加者举行各种各样的活动，这项活动称为"星期六学校"。

例如，"变身公主吧"活动，让想成为公主的女孩儿穿上美丽的公主裙，享受她们的公主梦；"藤幼儿园忍者学园"活动，让孩子们乔装成忍者，完成手里剑和密码解读的修行，最终得到忍者的认定书。这样独特的活动深受孩子们的喜爱。人气爆棚的是那些家长也可以参加的活动。策划这些周末活动的缘由是很多家庭周末连休时想出去玩，但附近能带孩子去玩的地方已经基本都去过了，去其他地方旅行费用又太高，所以最后只能去商场购物。

在这样的状况下，幼儿园能做什么呢？"对啦，我们可以让家长也来幼儿园！"就这样，我们制定了几套活动方案。

其中，帐篷露营是幼儿园登山部的老师们特别策划的一项活动。

"能不能在园里搭帐篷？"在和开户外运动用品店的朋友商量后，他说："完全可以！"在他的帮助下，我们搭了好几个帐篷，然后邀请家长来报名参加帐篷体验、BBQ大会，事后受

到了家长们的一致好评，所以活动就延续了下来，现在每年都会举行。

前几天还举行了"星期六·熊猫点心"活动。虽说只是简单地制作并分享卡通熊猫的糕点，但难得来到幼儿园的爸爸们看起来是那么的开心。

当今社会，一家人在一起共度美好时光的机会越来越少。所以，像这样一起制作，一起烘焙，再一起去房顶上品尝糕点的亲子时光，是不是比老一套的观光更能温暖人心并更有意义呢？

我把这些活动称为"星期六家庭日"。很多家长周末想做一些亲子活动，却因为不知道做些什么而苦恼，希望这些活动能给他们带来点灵感。

英语教室

藤幼儿园也很重视英语教育。

生存在未来社会的孩子们，要与世界各国的人交流，因此会说英语是非常重要的事情。

会说英语的目的是"希望孩子们成为能用英语把日本的事情恰当地传达给对方的日本人"，我们称之为"英语立国"。

世界已经实现全球化，日本也从小学开始导入了英语教育，人们今后会更加重视说英语的能力。但在现实中，关于就连掌握英语的日常会话都很困难的声音不绝于耳。也有的人呼吁比起英语更要优先学习日语，但我觉得这两种语言同时学习会更好。相关研究表明，纯正英语口音的最佳学习年龄是在5岁半以下。

藤幼儿园附近有美军横田基地，来自这个基地的美军子女也不少，所以希望孩子们在这种得天独厚的语言环境中互相影响，用英语进行交流。

现在，幼儿园里在编的外教老师有6～9人（每天不一样）。其中好几个人是观看设计师手冢贵晴先生在海外"TED大会"上的演讲，特意从海外报名过来的。

　　以"喜欢上英语""与外国的老师交流"为目的，每周开设了好几次的集体教育活动，但从2010年开始根据家长的需求开设了"能会话的英语课程"班，采用了"GrapeSEED"教材，每天都安排了课程。

因为不是纯学习式的英语课，而是在快乐的气氛中学说英语，所以很受孩子们的欢迎。从幼儿园毕业的学生也可以报名参加这个英语课程，目前共有551名儿童（2016年：4岁孩子155人、5岁孩子148人、小学生248人）在这里学习英语。

英语课程班已经开设好几年了，孩子们已经可以开始说"流利的英语"了。实际上，4月春季入学的4岁的孩子，到了夏季时就能开口说英语了。

据说，幼小的孩子们不管是什么语言都能正确地听懂。日语和英语的音频完全不一样，虽然成人听不出来的，但孩子们却听得一清二楚。这不只限于英语，其他语言也一样。

为了能够让孩子听懂英语，重点是家里也要有每天可以听到英语的环境。这个英语课程还配置了在家也能听的英语教材。家长没有必要一定说英语，只是放CD给孩子们听外教纯正的英语录音即可。

20多年前，我把孩子们定位为"地球的小蛋蛋"并对他们寄予了如下心愿："大家是同一个地球上出生的'地球的小蛋蛋'，虽然出生在不同地方，但都来到了这个世界成了地球人，所以我们大家都是朋友，为了充满欢笑的这个大地球！"

这一理念和藤幼儿园的"能会话的英语教室"课程也是紧密相连的。

● 孩子们之间的冲突与事后的批评

要想在自由的环境中生活，每个孩子都肩负着一定的责任。如果每个孩子都能承担起这份责任，那幼儿园会成为更加自由而快乐的场所。

在藤幼儿园也能经常看到孩子们吵架。

经常会看到某个孩子大声哭着说"某某做了……"的吵闹场面。不同年龄段的孩子们共同生活的环境里可以培养自律能力。小争吵、小冲突孩子们可以自己解决或由大孩子劝解，老师不到万不得已不会介入。如果孩子们实在不能自己解决时，老师会把他们领到吵架以外的场所冷静地处理。但是，一般来说没有什么值得劝解的，因为孩子们之间关系越好越容易吵架，几乎所有的孩子都会当场就和好如初。

但是，不管老师多么细心周到，也很难掌握所有孩子的争吵内容。这时可以帮到老师的就是孩子的妈妈。孩子放学回家，妈妈问："今天有什么事儿吗?"孩子可能会跟妈妈说有"心情不好的事"，进而说出和小朋友吵架的事情。孩子们没能跟老师和小朋友说的，会跟自己的妈妈说。

通常，妈妈听后会担心地给幼儿园打电话。接到电话之后，主班老师会确认事情的来龙去脉。这样的情况一般都是关系好、经常在一起玩的孩子们之间发生争执。即使这样，接到家长的电话也能帮助老师的工作。因为接到电话的第二天，主班老师就会格外注意观察这个孩子，如有意外的事情发生可以立刻协调。

在幼儿园里，孩子是生活在集体当中，难免会做出让别人不愉快的事情或遭受不愉快的经历。因此，在幼儿园要让孩子们学会当遇到不喜欢的事情时，要向对方说清楚自己的感受——"我不喜欢"，或向老师表达自己的想法。

现在的孩子们很擅长道歉。如果他们真的感到自己不对还好，但很多时候具体地问发生了什么事情时，孩子就开始推脱道："他……"，开始责怪起别的小朋友。这时，教师接着问"我说的不是某某，我是在问你怎么啦？"

孩子们很难回答"你怎么啦"的提问。因为还是小孩子，所以他们还没有对自我的认识，虽然这是没有办法的事情，但是在人生中孩子们能够学会"负责的态度"的机会并不是很多，所以要利用平时的小事情好好地教给孩子们如何承担责任。

我每年也会有几次参与到孩子们的冲突事件之中。例如，有的孩子即使给了他多次改正的机会，但也还是经常去招惹其他小朋友。我一般会跟这个孩子从闲聊开始，"园长老师上次吃的草莓很好吃，你喜欢吃吗？……但是，虽然好吃也不能抢别人的那一份儿，对吗？"

这时候孩子们一般都拼命地主张"不是我的错"，所以，要在与他交谈中发现了切入点之后，再试着去问孩子："那么，怎么办才好呢？"

"你那么做的话，某某小朋友的心情是不是会变得好些呢？我希望每个孩子都有好心情，你和某某也想开开心心的，对吗？如果做了坏事好好道歉就可以啦。你道歉了，你们还是好朋友啊。"

这样与他谈下去，孩子们也会慢慢地学会自己去思考。通过自我反省会得出与当初"不是我的错"截然不同的结论。

童年的那些微不足道、不值一提的争吵经历，都会成为成长过程中心智逐渐成熟的基础。所以，幼儿时期是分岔路口，它会影响你将来能否走上一条自己真正想走的路，还是做一个一辈子逃避责任的人。

我们常常想着为了孩子、为了给他们更好的教育，一定要传授给他们该传授的道理，但结果往往就成了批评孩子。但是如果省略了这个传授道理的过程，孩子可能就会一生将错就错，我认为这是最大的不负责任。所以，通常我们会给孩子们很多次诉说的机会，而很少批评他们。

孩子们有时会故意干坏事儿，老师们一看就能发现。这时老师会当场指出，当场要求孩子反省。但总的来说，批评孩子是件困难的事情。要是非批评不可的话，要看老师的初衷是不是真心想要帮助孩子成长。

坐轮椅的小浓教给我们的道理

只要符合年龄的儿童，都可以进入藤幼儿园。所以即使是有障碍的儿童，只要医生诊断为日常生活上没有问题，原则上就可以与普通孩子一样入园。

在漫长的幼儿园工作中，有一段令我永生难忘的记忆。那是20多年前，有一个坐着轮椅入园的名叫"小浓"的孩子的故事。

小浓第一次来园时，是和父母一起来的。家长在教职工办公室门前问我们小浓能否入园时，在一旁轮椅上的小浓试图远离我们去远处沙池的方向，似乎是不想听到我们的谈话。我想一定是被其他的幼儿园拒绝过很多次，所以才不想听到我们的谈话吧。

坐轮椅的孩子，对藤幼儿园来说这是第一次碰到的事情，所以我们没能立即给他们答复。

他们离开幼儿园时，副园长给了小浓一张折纸。小浓接过折纸时眼睛里发出闪闪的光芒，很有礼貌地说着"谢谢"。一个三岁的孩子竟然就可以如此恰当地说出"谢谢"。后来，副园长跟我说："看到孩子闪闪发光的眼睛，无论如何我也无法拒绝，如果我们拒绝这个孩子，那么我们办幼儿园又有何意义呢？"

当时，小浓和我家的二儿子同岁。我家的二儿子也在藤幼儿园。因此，当时我们就想如果我家的孩子明天不幸遇到交通事故，坐在轮椅上了，我们该怎么办？

想到这里，我们没理由说出那个"不"字。我和副园长商量之后，决定收小浓入园。

为了迎接小浓，我们在大门入口处修了坡面。修建坡面的木匠活儿由在这方面非常拿手的幼儿园校车司机担当。很快，一个漂亮的斜坡就完成了，小浓马上就能入园了！

小浓的幼儿园生活开始之后，他与其他孩子表现得并没有什么两样。我也尽量不给予特殊的对待和关照。园里的孩子们马上领悟了小浓能干的和不能干的事情。我觉得孩子们非常了不起的是，成人有意无意地什么事情都想伸手帮助，而在孩子们弄清楚小浓能干的和不能干的事情后，对于小浓做不到的事情他们会考虑该帮助到什么程度。

例如，当小浓想要什么东西的时候，孩子们不是把它拿来放到小浓面前，而是把小浓带到他自己能够做到的地方。孩子们的这种处理方式在某种程度上看起来像木讷的成人，但孩子们对度的把握非常合适，使我发自心底地佩服。

下面要讲的是升入大班的小浓参加运动会时发生的事情。运动会最博眼球的项目是大班全体小朋友参加的接力赛，小浓也参加了。

虽然小浓从开始练习的时候就非常卖力，但小浓所在的班级在6个班级中总是倒数第一。有的孩子开始抱怨说："因为小浓太慢所以我们输了"，但小浓自己却不服气地说"我要参加接力赛！"

主班老师对此也很苦恼，于是来找我商量"要不要缩短小浓跑的距离？"

我跟主班老师说："如果是因为小浓的体力跟不上跑不了一圈，那么应该考虑缩短距离，但他具备跑一圈的体力和能力，所以最好还是按原来的规则进行。不管是用轮椅还是用双脚去跑，在运动会上同心协力、相互竞争、大家团结友好才是最重要的。去跟班上的小朋友聊一聊怎样才能齐心协力赢得比赛吧。"

我虽然觉得这个建议做起来有一定难度，但还是向老师传达了我的意思。

回到班上后，主班老师组织共同商量怎么解决由于小浓被落下来的距离。这时，有一个男孩子说："对啦，让小浓先跑，被落下来的我们追上就行了！"

"是啊，是啊！"孩子们纷纷表示赞同，就这样，决定让小浓跑第一圈。小浓受大家的鼓励后，更加努力地练习。但是再怎么努力，也还是改变不了小浓速度慢的事实，但这使小浓坚定了"慢也要跑"的信念，并以这种信念迎来了运动会的到来。

运动会当天，在所有的项目全部结束只剩下大班接力赛时，我向1000多名家长进行了说明。

因为我觉得如果突然间看到小浓坐着轮椅参加接力赛的情景，有的家长会感到震惊，也许有的家长会质疑，怎么能让坐轮椅的孩子参加接力赛，而且还是整整一圈。

当我讲述了至今为止孩子们练习的过程后，我说："我们是在大家都认同了即使不对小浓给予让步，小浓也完全可以做到的前提下，决定这样做的。"话毕，全场响起了热烈的掌声和温暖人心的加油声。

终于轮到小浓跑了，他跑得仍然很慢，但大家都在给小浓使劲地加油。

小浓终于跑完一圈把接力棒传给了下一个小朋友，接过小浓接力棒的小朋友开始拼命地追赶。就在接力棒还在不断传递的途中，其他班级的最后一个小朋友已经跑到了终点。但小浓班级的小伙伴儿们依然在全力奔跑直到结束。对于没有放弃、拼命奔跑的他们，全场观众送去了热烈的掌声。就这样，在场的所有人都被感动紧紧地包围着。

那么，大家猜结果怎么样呢？所谓的胜负真的是不比不知道。其他队伍有的小朋友掉了接力棒，有的小朋友摔倒了，最终小浓的班级在6个班级中取得了第三名。预演时总是倒数第一的小浓的班级，凭借他们的奋勇拼搏，最终取得了惊人的成绩。这次运动会，也让所有人真切地感受到了团结和团队的力量。

后来听说已上小学二年级的小浓，毛遂自荐当上了校运动会接力赛选手，我非常惊喜和欣慰，并再次感到对于孩子们的可能性，大人不能给他们设定框框。

希望孩子们在每个阶段，都能发挥出他们最大的力量，这与孩子是否身患疾病无关。我们要懂得，让孩子们尽其所能，在与同伴相处的过程中共同成长，才是幼儿时代最重要的事。

第四章 ◇ 养育孩子没有标准答案

"以体谅的心情"与家长交流

藤幼儿园有600多名幼儿。不仅孩子们的个性不同，家庭背景各不相同，家长们也都有着各自不同的烦恼。

我们经常会接到家长育儿方面的咨询，但是会尽量避免因为我是园长，而高高在上地提出一些"这样做好""那样做好"的建议。因为每个人的价值观不尽相同，处境也不一样。

我和妻子也都为人父母，和其他家长们在育儿上付出的艰辛是一样的，所以不论何时，我们都想成为能与家长产生共鸣的人。

同时，我们尽量不对家长们说"加油"这样的话，而是认真倾听，用"是啊""太辛苦了"这样的方式与家长对话，设身处地地理解他们的感受。这样的工作主要是由副园长负责，也有很多妈妈会和其他老师进行日常的交流，而在副园长面前，不少妈妈还会情不自禁地流下眼泪。对于幼儿园600多名孩子的名字和家庭情况副园长几乎都了如指掌。由于藤幼儿园是社区幼儿园，跟那些有兄弟姐妹的家庭，我们一般都会打5～15年的交道。无论是孩子们的家在哪里，还是原来哥哥姐姐在园时的样子，抑或曾经有过这样那样的事情等，副园长都能信手拈来。

在长时间与家长相处的过程中，我们的职责就是与家长产生共鸣、分担苦恼。15年前，我们的孩子还小，那时候和家长们的关系就像是一起育儿的同伴。"而现在渐渐变成妈妈们的妈妈的心态了"，副园长不禁感叹道。是啊，不知不觉已经变成在园孩子们祖母的辈分了。所以现在我们既能保持一定的距离，更加冷静地看待家长们的苦恼，又能够无条件地接纳孩子们的可爱之处。

有的家长苦恼地说："为什么邻居家的孩子能做好的事儿，我家孩子却不能，是不是我的育儿方法有问题呢？"若总是与其他孩子进行横向比较的话，就常常会使自己陷入困境。

如果养育多个孩子，我们就可以亲身感觉到每个孩子都是不一样的，但如果是养育第一个孩子或独生子，就往往会认定孩子的过错都是自己的责任，因此陷入自责或苦恼。每个孩子都有自己的想法或主张，即使用相同的方法养育，也不会成长为相同的孩子。

从我们夫妇作为旁观者的角度来看，每一位母亲都在为了做到最好而努力着，所以我们与家长的交流都是从肯定和赏识开始的。

在此，我将分享一些家长朋友们最常见的抚养和教育孩子方面的苦恼。

● 总是不自觉地对孩子嚷 "快点儿"

日本家长最多的苦恼要数 "无意中对孩子大喊大叫" 了。

例如，早上去幼儿园的时间快到了，孩子还迟迟不换衣服、行动缓慢。这时家长心里开始急躁，不知不觉语言就会变得粗暴起来。家长们此时的心情是完全可以理解的。

当孩子对家长的指令无动于衷时，家长的急躁和怒气就会直线上升；相反，如果孩子立刻按照家长的要求行动的话，家长就不会生气。

家长一般都期待孩子和大人一样，说一句，听一句，但是我们要知道孩子理解某一事情，需要花费成人10倍的时间。

成人的 "快点儿" 和孩子们的 "快点儿" 是不一样的。在大人眼里，孩子们好像什么都没做，但事实上他们可能已经竭尽全力了。即使这样，孩子还是赶不上家长心中 "快点儿" 的标准。这么看来家长的要求是否有点过了呢?

还有，家长的语速要放慢，否则孩子们就不能正确领会。为了让孩子快点儿行动，就把 "快点儿" 说得很快也没有任何意义，让我们尝试着慢慢地去说 "快——点——儿" 这句话。

然后，给孩子一点时间，再观察一下他们是否真正理解了你的意图。

另外，家长希望孩子做的事情最多也就是一两件，所以事先指着时钟跟孩子说好"这个针，到这里为止要做完啊"。之后，就要相信孩子，耐心地等待。这期间，如果一直看着孩子，家长不免会变得焦躁，所以只看结果，按要求完成就可以了。

此外，也可以试试看不用语言，而是利用脸部表情或动作这样的非语言方式进行交流。对于不收拾玩具就想出去玩儿的孩子，即使怒斥他"收拾完之后再出去"，也常常是收效甚微。

这时，家长们只要做出"喂"或"哎呀"的表情，盯着弄得乱七八糟的玩具，就像玩"123木头人"游戏时那样，静止地观察孩子的行动。看到这样的父母，孩子会怎么办呢？"该收拾一下啦"，孩子会自觉地这么想，并开始动手收拾玩具。

孩子的行为举止会随着年龄的增长而逐渐变得得体，所以这样的烦恼很快就会消失，之后反而会是家长跟不上孩子的行动。

孩子一点儿都不爱学习的时候

在日本，孩子们上小学之后就要开始学习语文、算术、理科等课程。幼儿园毕业的小学生的家长们最多的苦恼就是："我家的孩子，一点儿也不学习。"现在的孩子，迷恋于玩游戏不好好学习，这也许是所有家长共同的烦恼吧。

这时，我经常跟他们讲的就是"惯性定律"。所谓的惯性定律是物理学用语，指任何运动的物体会持续运动下去，而静止的物体会一直静止。人也一样，想停下正在做的事情，或从零开始做什么事情时，都需要很大的能量。

小学生放学回家，如果一进屋就坐到电视前，那么想让他们离开那里恐怕就是好几个小时之后的事情了。离开电视回到自己的房间去学习更是难上加难，需要相当大的能量。电脑或游戏对孩子们来说也是同样的道理。

想让孩子学习的关键是，让他们一进门之后就坐在学习的地方。养成这样的习惯非常重要，有这样一句话，"孩子回家之后，最先坐在哪儿将决定他的人生"。人们常说那些考上重点大学的学生，都不在自己的房间，而是在客厅学习。这两者之间或许有一定关联。

突然反观我自己，我当年放学回家第一件事情是开冰箱。再看一看现在，我只能苦笑，莫名觉得很符合这个"定律"。

智能手机也是影响孩子们学习的因素之一，因为他们学习时心里还放不下手机。对此，家长会想怎样才能把孩子与手机隔开呢。实际上，我家也面临同样的问题。

在我家采取的是"家长一律不干预、不在意"的方针，因为不学习困扰的是孩子自身。说不在意有些不现实，但我认为作为家长也不能随意干涉，还是要尊重孩子。做父母的虽然总想唠叨几句，但我会告诫自己学会忍耐，这也是做父母的一种修行。

说一件很久以前发生的事情。据说当年副园长，也就是我妻子久美子读小学一年级时，回家后刚要写作业，就被父亲说"回家后还要学习的傻瓜真是没办法"。这种表达可能过于粗暴强烈，但是在某些方面也许是真理。

另外，家长为了不让孩子迟到，经常喋喋不休地说"快起来啊，再不起来就要迟到啦"。仔细一想，其实迟到后最难堪的是孩子本人，而并非家长。只有本人感到难堪时，才会自己想办法注意下次不迟到，这是根治孩子迟到的唯一方法。

不管家长怎么大吵大闹，迟到的孩子一样会迟到，准时上学的孩子照样准时上学。不论事先为孩子打磨了一根多么精致的拐杖，它最终也可能会成为孩子未来路上的阻碍。

想陪伴孩子尽情玩耍却心有余而力不足

一位5岁女孩的妈妈曾对我说讨厌没法好好陪孩子玩的自己。她说，有时候太累了，跟孩子玩过家家，玩着玩着精神就无法集中了，每次都反省自己，可是每次结局都是这样。

我认为妈妈能这样反思自己，已经非常优秀、令人钦佩了。

其实，孩子们也会以自己的方式理解父母没有时间这件事。白天在幼儿园或保育园，老师们已经陪伴孩子们尽情地玩耍了，所以他们并不见得非得和父母一起玩儿什么不可，也许只要能和爸爸妈妈在一起就足够了。那么，和孩子一起烧菜做饭、一起叠衣服，让孩子帮着父母做一些家务也是不错的方法，孩子们会很开心地、干劲十足地帮忙。

当然，像星期天等节假日，若家长有充足的时间能够陪着孩子一起玩耍是最好的，但完全不必每天都如此。

按照孩子的节奏陪他们玩儿，说实话我也不太擅长。所以，我们要想办法把孩子们带进大人的节奏。只要孩子对大人的提议稍微有一点兴趣就是成功，就算被无视了，就当作一次小小的失败就好，不必绞尽脑汁去想，随性地和孩子相处就好。只要有爱，怎样都没问题！

有时候父母高兴地对孩子说"谢谢你的帮忙"，用笑容向孩子传达爱，可以培养孩子丰富的情感。同时，孩子们感受到了爸爸妈妈的信任，也会变得自信。

我家有两个儿子，他们3岁开始就帮我们熨烫衣服，使用的是蒙台梭利教育中孩子用的小型熨斗，现在的家电商店也可以买到。

很多孩子在上小学之后不愿意帮忙做家务，所以家长倒不如利用幼儿时期培养他们做家务的习惯。

我还经常听家长说，做饭时为了想让孩子安静一会儿，长时间给孩子们看电视或DVD，或者用手机或平板看动画。不能一概而论电子产品的好坏，但要考虑孩子眼睛疲劳的问题，因此根据孩子的年龄注意和限制观看的时间比较好。

电视或动画由于故事情节有趣，所有的孩子都很喜欢，通过观看他们也能获得新鲜的乐趣。但若只是一味地接受这样的信息会使孩子们变得很被动，这一点会让人有些担心。

相反，有的家庭不想让孩子看或干脆不让孩子看。虽然每个家庭有自己的想法或做法，但在当今这个时代，这些媒体想躲也躲不开，所以家长要弹性有度地把握。

那么，孩子们主动获取快乐的方法有什么呢？比如，阅读绘本或连环画册。阅读时慢慢地翻页，孩子会欢欣雀跃，会忐忑不安，会不停地问"什么呀？什么呀？"孩子看到一幅画，就会去联想下一幅会是什么样的。大脑在思考，而且还是主动思考。

平衡好孩子看电视或动画的时间与阅读绘本的时间，不就解决了上述苦恼了吗？

● 危险伴随着成长

有一位2岁男孩的妈妈说，孩子总喜欢做类似从洗漱台上往下跳这种危险的事，她想要生气地阻止孩子，但又担心是不是会泯灭孩子刚刚萌芽的好奇心和活泼的天性。

爬到高处或往下跳，是孩子们非常喜欢的游戏，他们一定很好奇爬到高处时能看到怎样的景色吧。

但是，我们首先应该告诉孩子，有些地方是不能爬的。比如，正在吃饭的餐桌、电视机的顶部（现在的电视大多是超薄的，大人们或许会认为孩子不会去爬，但孩子可能偏要爬），还有家里其他的柜子等。

关于洗漱台，首先我们有必要清楚地告诉孩子不可以爬上去，或者在洗漱台上多摆一些东西，也不失为防止孩子爬上去的一种办法。

但是，如果完全禁止的话未免也太过苛刻，可以适当给孩子们留下一些可以爬上爬下的空间。不妨在房间里摆放一个可以爬上去跳下来的台子或小梯子试试看。如果在公园里遇到不太高的台阶，或者散步时碰到断坡，都可以让孩子们体验上下跳跃的乐趣。另外，向下跳的感觉也是可以活跃大脑神经的。

前文也介绍过，藤幼儿园每到秋天，大家会一起将落叶收集到"落叶池"里。孩子们扑通一下跳进松软的树叶中，释放他们的能量。如果孩子们的能量得到了释放，那么从洗漱台上跳下来这样的事情自然也就变得无聊了。

一般情况下，孩子们大都非常喜欢做危险的事情，可以说孩子的成长与危险都是相伴相随的。

比如说，男孩儿经常用广告纸卷成剑，玩武打游戏，这时大人们会非常担心剑戳伤眼睛。但孩子们在舞剑的过程中会慢慢发现，怎样动会撞到，怎样则不会，于是逐渐掌握自己与周围事物的距离感，学会张弛有度。可以说这种游戏也为孩子们的成长做出了贡献。

因此，不能因为危险就什么都禁止或限制，只有让孩子们充分享受童年，他们才能身心健康地长大。希望大家可以怀着这样的心态，默默地守护他们。在养成了丰富感性的基础上成长起来的孩子，一定会收获一个多彩的人生。

喜欢嘲笑他人的孩子

有一位同时拥有5岁女孩和2岁女孩的妈妈跟我诉说，妹妹画画时，姐姐总喜欢在一旁嘲笑妹妹说"画得真难看啊"。

我觉得这个姐姐很天真，很可爱。

可能妈妈会严厉地批评姐姐说："不要说嘲笑别人的话。"但要知道孩子们的年龄不同，会做的事情也不一样。在姐姐看来妹妹的画的确不好看，姐姐只是坦率地说出了自己的感想而已。

当孩子们在一起玩时，我们经常可以看到这样的场景，一个孩子对另一个小朋友说"那边去"。也许在成人看来这很不友好，很像欺负人，但说话的孩子只是直爽地表达了想让对方走开的想法，多数时候孩子们并没有任何恶意。

这对姐妹的情况，如果妈妈非常在意的话，可以告诉姐姐说"你小时候画得也这样"或"妹妹还小，不会做的事情很多，所以你要教给她"。这样一来两个孩子就都不会受到伤害。

另外，姐姐也许是跟妈妈一样的心情，虽然嘴上说着"画得真难看啊"，其实也许只是很想和妹妹多接触而已，因为姐姐也觉得妹妹很可爱。

兄弟姐妹中的姐姐一般扮演着妈妈的角色关心妹妹（或弟弟），这种情感是永恒的。随着孩子们渐渐长大，有时会忘记孩子之间3岁的年龄差，进而姐妹关系愈加牢固。当孩子们向父母求助时，家长当然要伸手帮助，但如果不是这种情况，放手不干预反而会促进姐妹之间的感情和相互成长。

该不该送孩子去上兴趣班

经常听到很多家长苦恼地说，给孩子选哪种兴趣班好呢？

我认为如果是"终身受益"的学习，什么都可以参加。例如，钢琴或英语不是轻而易举地就能学会，所以可以从小就开始学习。

对于所谓终身受益的学习，希望家长们首先考虑"是否要靠它生存下去"，再决定自身的态度。

例如，足球如果作为一种兴趣会使孩子们快乐，同时还能让他们结交许多朋友，度过精彩的青春年华。如果父母的期待仅此而已的话还好，但若对孩子寄予厚望，期望孩子将来成为足球选手的话，情况就大不相同了，因为实际上想通过踢足球在世上立足是很难的。钢琴、音乐也一样，是让孩子作为兴趣而学，还是为了将来成为音乐家而学，也是截然不同的。

孩子本人的想法也很重要。背负着父母的希望，每天奔走于各种兴趣班的孩子也不少。但孩子将来终究会成为怎样的人，谁都无法猜测。

我曾对一个人说过："孩子想做的就让他去做。如果是不喜欢或不感兴趣的事，孩子慢慢就不想去了。"这人听后很生气地说："作为老师怎么能说出这样的话呢！"

他认为，既然开始学习就必须坚持，不能因为"没意思"就半途而废，这样不能培养孩子的忍耐力。的确，也可以这么说。但如果不去试一试怎么知道适不适合自己呢？有时真的去做了才发现与自己想象的不一样。

因此，首先家长以试一试的态度，让孩子去做做看怎么样呢？即使立刻放弃也未必不可。但是在这种时候，绝对不要对孩子说"这孩子做什么都不行"等谴责的话。也许孩子在与这些毫不相干的领域有很擅长的东西也说不定。

父母之所以让孩子去各种兴趣班学习，不也是因为想更好地发现和扩大孩子的可能性和特长吗？

可是，这并不意味着孩子的这些学习开始得越早越好，每个孩子都有适合自己开始学习的时机。如果捕捉到这一最佳瞬间并给孩子创设适宜的环境，就会促进孩子迅速地成长。分清孩子对某件事情到底有无兴趣是非常重要的。

另外，孩子们在兴趣班学习的时候，妈妈们可以享受彼此交流的乐趣。如果把这里视为"父母的舒适空间"的话，从社会学的角度来看也颇有意思。无法将视线从孩子身上移开的父母，可以利用这段时间和其他家长交流，或做自己喜欢的事情。如果有更多像这样的场所，并且不局限于孩子们的兴趣班的话，会大大地减轻家长育儿方面的负担。如此考虑，我觉得孩子参加一些兴趣活动也许并不一定是坏事。

大声哭闹、任性无理的孩子

有一个4岁的女孩在逛街时看到自己喜欢的布娃娃，就会一直闹，直到大人买给她为止。因为考虑到如果不给孩子买的话，即使是在电车里她也会哭个不停，家长最后拗不过只好妥协。结果，家里的房间中到处都是布娃娃，而且孩子也不珍惜，家长因此非常苦恼。

我想这个孩子也许可能对某些事情非常抵触或反感。据说这个孩子早晨去保育园时还吵嚷着"要穿泳衣去"。

也许这个孩子还没有发现自己最喜欢和感兴趣的事情。也就是说可能没有地方释放多余的能量进而堆积了很多压力，只能通过"我要买布娃娃"的方式减压。

又或许这个孩子与自己所上的保育园或幼儿园不太适合，或感觉在家里没意思。

其实孩子与保育园或幼儿园是存在投缘的问题的。藤幼儿园曾经有一个从其他园转来的男孩，据说在转来之前总是闹脾气，从来没有笑过。比起和小朋友们一起做点什么，他更喜欢一个人做自己喜欢的事情。由于比起大家一起做事，藤幼儿园更尊重孩子的自主选择和个性，所以这孩子好像找到了安全感，也重拾了笑脸。

喜欢布娃娃的女孩如果在蒙台梭利园的话，兴许会有变化。同时在家里，家长可以试着增加与孩子互动交流的时间。

如果孩子说要穿泳衣去保育园，可以事先与保育园商量后让她穿泳衣去几次。其实孩子们的适应性非常强，早晚会发现自己穿泳衣来保育园是件很不得体、令人害羞的事情，自然就会放弃。

实际上，在藤幼儿园也有过穿着非常喜欢的奥特曼睡衣来园的孩子。可是过了不久，他自己就觉得穿奥特曼睡衣去幼儿园很不好意思，几天后就开始穿着园服来园了。

对于那个孩子的父母来说，现在想起来这些都是值得怀念的回忆。

● 如果孩子抢了别人的玩具

还经常听家长苦恼地说，孩子和小伙伴们一起玩儿的时候，连"借给我一下"都不说，就直接抢走别人的玩具或绘本。

孩子抢小朋友东西的行为，从欲望的角度来看是正常的。只是因为喜欢才拿来而已，并没有什么恶意。虽然是这样，也不是说可以随便拿走别人的东西。若只因为小朋友间互争玩具，就给每个孩子都分发相同的玩具，这对孩子的成长没有任何益处。正因为只有一个玩具，孩子们才能体验到借给别人、与伙伴一起玩儿、按顺序玩儿等成长中宝贵的经验。

对实在不能容忍的孩子不妨把他放到大孩子群里，如果抢了大孩子的玩具便会受到大孩子的反击。通过这种方式，给孩子创造一种可以理解对方心情、进行换位思考的环境。园里偶尔也有咬人的孩子，这也是成长过程当中不可避免的问题，通常发生在孩子1~2岁这段时间。但是这会在被咬的孩子身上留下牙印，所以不管是咬人孩子的父母，还是被咬的孩子的父母，心情都不能平静。

这时我们解决问题的方法是把咬人的孩子安排在比自己的年龄大的班级里。大孩子感觉自己马上要被咬了，就会跑掉，知道被咬会很疼，所以有的大孩子会撞倒对方来保护自己。通过这种经历，咬人的孩子也会理解被咬的孩子的心情了。

不同年龄段的孩子身体大小也不一样，所以孩子们小的时候会顺从比自己大的孩子，就算吵起来大孩子也会很好地平息混乱局面。综上所述，在这样的过程中孩子们会逐渐养成自治能力。所以在藤幼儿园里，只要没有特别大的事情，一切都会交给孩子们自己处理，除非的确非常危险的时候成人才出面，其他时间我们大多是以关注事情的发展为主。

以前，有一个孩子因为往小伙伴身上扔沙子被小伙伴们嫌弃。当他扔第三次时，我就让他坐在我的前面。虽然被质疑虐待孩子会很麻烦，但是批评的时候必须要严厉一点儿。我们在为孩子们播种各种希望的种子的同时，还必须要摘掉会成为孩子们坏习惯和毛病的不良枝芽。

针对把做坏事的原因都归咎于别人的孩子，我们也要严厉批评。我曾经在斥责这样的孩子时说："你这种做法，用大人的话说就是卑鄙。人绝对不能卑鄙！"

如果大人认真地对待孩子身上发生的事情，孩子也一定会懂得大人的意图。

● 可以在何种程度下接受孩子的挑剔

经常听家长说这样的烦恼，"我家孩子太挑剔"。对于这件事真的需要为之苦恼吗？我认为孩子对游戏的挑剔、对事物的挑剔等，都是理所当然的。

有的家长来找我咨询说："不知道这是不是2～3岁孩子的特点，孩子很容易沉迷于某一件事情。"以前沉迷于电视上看的舞蹈，天天模仿着跳，跟电视上跳得几乎一模一样，现在又沉迷于各种电车，"深陷某一样东西中会不会太危险了？"

在我看来，家长的这些烦恼都没什么必要。在经过一段时间孩子达到了自我满足后，他的兴趣自然会转移到别处，所以家长大可放手不管。

关于挑食也是同样的道理。虽然父母常说"不喜欢也吃一点儿吧"，但是对于孩子来讲不喜欢吃的就是不喜欢。我可能会对家长这样说，"孩子不喜欢的东西不吃也不会死"，有些东西虽然在家不吃，但是孩子们在幼儿园里却吃得很好。

● 丈夫过于娇宠女儿

有一位4岁孩子的妈妈前来跟我商量说，她的丈夫太娇惯女儿了，孩子要什么就给她买什么，说背就背，说抱就抱。

这听上去好像也没什么，但妈妈担心会影响孩子成为"独立的女孩"。

重要的是爸爸是出于好意才这样做的，而不让爸爸这样宠爱女儿也不太可能。

是不是因为爸爸和孩子在一起的时间少，所以想通过给女儿买东西来拉近和她的关系呢？孩子和妈妈之间的关系从十月怀胎就开始了，所以孩子总是会亲近妈妈，但对爸爸就不一样。

我在幼儿园里从来没有见过孩子哭着喊"爸爸"的，几乎所有的孩子都叫"妈妈"。不管是身体不舒服的时候，还是难过的时候，孩子都是在找妈妈。

这个问题中的女孩已经4岁，再过两年就要上小学，也快到开始准备独立的时候了。例如，在航天飞机气势磅礴地飞向天空之后，会有很多零部件脱离航天飞机主体。如果其他零部件没有成功与本体分离而被带到宇宙的话，航行便会失败。同样，在孩子要进入小学的前后一段时间里，父亲要逐渐减少对孩子的娇宠便是这个家庭最终达成的共识。

爸爸认为宠爱女儿也就这一两年，那么夫妻二人就有必要好好商量一下，直到妈妈也能微笑着理解爸爸。

妈妈也许不会懂得孩子爸爸的心情，作为爸爸只是想充分享受和女儿在一起的这段稍纵即逝的快乐时光。我想对于妈妈来讲这只是一个时间问题，过个一两年自然便会解决。

● 为人父母也是一种修行

对于孩子而言，最好的榜样是身边的父母和其他成人。

前几天，我听说了这样一件事情。

爸爸领孩子去糖果店买糖果时，拿出5000日元的钞票结账。糖果店的阿婆将5000日元误认成了1万日元，给爸爸找了9000日元的纸币和一些硬币。孩子发现多找钱后刚想和爸爸说"啊！钱找多了"，但是这时爸爸露出"别说话"的表情，收了多找的钱匆匆忙忙地离开了小店。

多年之后，听说这个孩子变成了罪犯。是不是在这个青年的心灵深处，他被儿时父亲的行为潜移默化地影响到了呢？

我认为拿到零钱的时刻，正是那个爸爸能够成为孩子心目中伟大父亲的瞬间，但他却眼睁睁地丢掉了这绝好的机会，并无形中清晰地向孩子传达了"人可以狡猾""不诚实才会占到便宜"等扭曲的价值观。

其实，孩子就在那时迈出了人生中不可挽回的一步。身边有没有好的榜样会影响孩子的人生，这就是典型的例子。

孩子在什么样的价值观中成长是非常重要的。所谓"价值观"，受到日常生活中家人们所使用的语言、看中的价值、愤怒或感动于何种事物的影响。在这样潜移默化的过程中，孩子逐渐长大成人。

我曾经说过"孩子虽然不听父母的话，但却会模仿大人的言行"，虽然这听起来有些刺耳，但这是事实，孩子就是父母的镜子。

也可以进一步说，"当父母也是一种修行"。也就是说，伴随着孩子的出生，我们成了父母；伴随着孩子的成长，我们学着做父母。不久之后，我们成了孩子的榜样，正是孩子让我们变成了更好的自己。

第五章 ● 成为一名幸福的幼儿教师

● 录用有热情的"普通人"

下面我来谈一谈在藤幼儿园工作的教师们。

对于每年来幼儿园应聘的学生，我们都会问他们是怎么知道藤幼儿园的。学生们会给出"在大学上课时知道的""在电视上看到的""在中学的美术课外读物中见过"等各种各样的回答。目前，有两家出版社发行的美术课外读物里都刊登了藤幼儿园，据说看过的人对此都有深刻的印象。有一年，因为工作差错忘记发出教师招聘的信息，但托大家的福，还是有30多人主动联系应聘，令我无限感激。

前来应聘的人有来自本科、专科、职业学校等的应届毕业生，以及预备取得幼儿园教师一种和二种许可证或保育士许可证的学生们。他们尽管都是幼儿教育或保育专业出身，但实际上基本都不太了解幼儿园到底是做什么的地方。即使知道，最多也只是了解自己儿时上过的幼儿园或去实习过的幼儿园。也就是说，就算他们已经确定了要当幼儿教师，但实际上对即将工作的岗位是什么样的地方却一点儿也不了解。

因此，为了让这些想要成为幼儿教师的学生们了解幼儿园的情况，藤幼儿园经常面向他们举办"幼儿园参观会"（当年11月至第二年5月，每月一次）。好像全国对外开放的幼儿园也屈指可数，所以我们能够经常接待来自全国各地的学生，让他们可以亲眼看一看孩子们的日常生活或教师们的实际工作，加深对幼儿园工作的理解。如果有新潟县的学生来访，我也会介绍他去我在新潟的朋友所开的幼儿园参观学习。6月到10月，我们会举行约10次的面向求职者的参观说明会，向大家传达藤幼儿园需要"这样的人"。

· 喜欢笑、快乐的人。

· 温暖的、讨人喜欢的人。

· 什么都喜欢吃的人……

另外，在众多的应聘者中我认为适合当藤幼儿园教师的首选是，"无论如何都非常想在藤幼儿园工作"的人。

在名牌大学取得优异成绩的学生也会来应聘，但比起成绩好坏，我更想要的是有热情的"普通人"。

学生们提交的应聘材料中会有成绩表，说实话我几乎都没看过这个。对于那些成绩优秀、期末报告出色的学生，我们非常尊重他们的努力，但我认为更重要的是在保育实践中如何将这些能力发挥出来。即使报告写得很好，但这与是否能真正承担起眼前的工作、是否具备很强的实践能力并没有多大关系。当然，具备一定的理论基础对实践进行支撑也很重要，但如果实际行动力差的话，其过程也毫无意义。

藤幼儿园里没有要求所有老师都是骨干或全才，只要聚集在这里的人发挥各自的长处、想努力工作就可以了。有热情的"普通人"聚在一起，团结起来共同努力，就会发挥出惊人的力量——这就是藤幼儿园。

每到夏季，大榉树枝繁叶茂，随着阳光照射角度的变化大片的树荫在变换伸缩。到了冬季，树叶凋落，温暖的阳光晒满整个庭院。为了让孩子们感受到不同季节中树叶的数量与颜色的变化，教师们会对孩子们用语言传递一些信息，例如，"树叶变绿了呢""夏天，树荫下真凉快啊"。我觉得那些拥有丰富感性，能够察觉到日常生活中的细微变化，并借此启发孩子们的老师非常出色。就连下雨时，老师们也会欣喜若狂地给孩子们启发说："今天下雨，我们在屋里怎么玩呢？"我希望所有老师都能够向孩子们传递日常小事中的快乐和温情。

有的人深信藤幼儿园在进行的是最先进的教育或在追求"高大上"的目标，很遗憾很多人有这样的误解。这些误解也许是因为至今为止藤幼儿园被许多媒体报道而变得小有名气，但是我们每天最优先想的只是孩子们的成长。我们绝不是为了在学会上获得高度的评价而经营幼儿园。

面试后认为"这个人不错"的话，剩下的就看应聘者和现有的教师能否合得来了。面试合格的应聘者会被安排与两位主班老师一起工作两天，我会询问主班老师的意见，但没有具体的评价项目。我的问题只有一个——"此人适合一起共事吗？"

● 担任主班老师的条件

一般在幼儿园里，新教师被聘用后马上担任主班老师的现象并不少见，但在藤幼儿园这是不可以的。在这里想要担任主班老师，大概需要3～5年时间。因为很少有中途辞职的教师，所以没有空位也是事实，但与此同时我们更想让新教师们踏踏实实地学习之后再担任主班老师。

我们认为，担任主班老师的最重要的标准是能否"放心地把自己的孩子交给他"。所以，即使是同一个时期入职的教师，也有担任主班老师的先后。从这方面看，藤幼儿园奉行的是实力主义。

教师们有海外研修等各种各样的培训制度，但并不是所有教师都能无条件地参加。这与担任主班老师一样，取决于教师自身的努力。

在藤幼儿园担任主班老师还有一个条件，那就是取得蒙台梭利教师资格。致力于蒙台梭利教育的藤幼儿园，比什么都重视的就是教师的培养。为此，我们把取得该资格证书作为担任主班老师的必要条件。

4月入职的教师，从5月开始便要每周末去参加蒙台梭利教育的"实践研修班"。刚入职的新任教师往往心里有许多不安，因为他们不了解蒙台梭利教育，不知道自己能否胜任保育工作等，所以在这个时期进行这样具体的研修对他们非常重要。

新教师通过蒙台梭利教育研修，可以从模模糊糊的理解中渐渐掌握在校时没有学过的"孩子成长过程中重要的东西"。他们在研修中像孩子们一样兴奋地观察、接触着几百种教具。

通过这样的体验对蒙台梭利教育更加感兴趣之后，老师们会萌发在实践中尝试的激情。在他们回到幼儿园之后会发现，"啊，这种时候我原来可以这样做啊"。他们逐渐掌握更多的要领，慢慢体会到自己对孩子们来说是被需要的，从而逐渐意识到自己在幼儿园里存在的价值，建立起"我可以在这里工作"的自信。

为了正式取得蒙台梭利的教师资格，除此研修之外，老师们还要参加日本蒙台梭利教育综合研究所的教师培训课程，通过函授教育学习两年。他们需要在此期间提交各种小论文或报告，还要参加夏季举行的为期8天的集中授课。藤幼儿园每年选3～5名教师参加培训，并取得该资格。

函授教育结业后，教师们会去美国参观实施蒙台梭利教育的先进幼儿园作为视察研修旅行，他们可以亲身观察和体验蒙台梭利教育的理念和实践活动。

这样所需的教师培训费用并非小数，但这些研修费用由幼儿园全额负担。因为教师们所获得的这些能力，在有效地支持幼儿成长的过程中是必不可少的。

教师在实践环境中不断切磋琢磨非常重要。我感到藤幼儿园的教师们有许许多多非常优秀之处，其中之一就是珍视许多既有的蒙台梭利教具的同时，还不断创造出适合现今时代和日本国情的教具。

第二章也介绍过，蒙台梭利教育的创始人玛丽亚·蒙台梭利既是医生也是学者，她在仔细观察和研究的基础上制作了极其优秀的教具。虽然历经很长时间，但很多教具依然能继续使用。

教师们不仅仅单一重复地使用100年前的教具，而是在捕捉蒙台梭利教育本质的基础上进一步研究和开发，以此不断提升藤幼儿园的保教质量。

藤幼儿园考核的秘密

为了更有效地提高教师们的水平，我们另外采取的措施之一是制定"藤幼儿园考核制度"。

这也属于教师研修的一部分，考核内容是关于藤幼儿园的"基本情况100题"，如"藤幼儿园的地址和电话号码""南侧停车场能停多少辆车""预约延长保育的截止时间"等。

有些人也许会认为这些事项由后勤人员掌握就可以了。但是，只有全园教师共享这些信息，才能畅通无阻地与家长们沟通，同时能够加强每位教师的工作意识和自觉性。

教师们有时回答不上家长提出的问题，也可以说"我确认之后再告诉您"，但如果总是发生这样的状况就不大合适。所以我们希望教师们在力所能及的范围内尽量更多地掌握藤幼儿园的基本信息和状况，准确理解藤幼儿园的一切制度，最终成为藤幼儿园的专家。

考核时间是每年新学期初的4月。当各企业发表新年度的经营方针的时期，藤幼儿园也会发表新年度最重要的理念。这里介绍一下我们的理念。

跃跃欲试、生气勃勃、笑脸盈盈……大家齐心协力建造美好的幼儿园！Make a

great kindergarten！！

　　我们的工作，是照看珍贵的生命，代替家长养育儿童，是家长意志的延续。我们作为幼儿教育、保育的专家，为孩子们的成长做贡献是我们应尽的职责。并且我深信，我们的工作能创造幸福的未来！

我之所以想到制定和实施考核制度，是因为我无意间在网上看到一位素不相识的人根据藤幼儿园的"冷知识"在制定考核题。

在毫不相干的网站上竟然看到了藤幼儿园的信息，这令我很吃惊。我好奇地试着回答这些考核题，其中居然还有连我都不知道的内容，令我感到既好玩又佩服。

我心想"这个也可以在园里试试"，于是马上引入到实践中。

我把制定考核题的任务全权交给主班老师，因为制定问题比回答问题需要掌握更多的知识，并能留下深刻的记忆。

我把考核制度的想法告诉了很多其他幼儿园的园长，他们也很感兴趣，过后经常听他们说"我们园也试过了"。

多方输入变成输出

　　我喜欢经常去参观各式各样的企业，每次参观回来还会将有趣的事情连同照片一起分享给教师们。

　　教职工研修旅行时去过汽车拆卸工厂，那里虽然与幼儿教育毫无关联，但教师们了解到有这样的职场，什么样的人在那里怎样工作等，不仅能开阔视野，还能受到刺激或激励。

　　曾经还跟大家一起在农家住宿，为了寻找童心，我们从河里钓鱼吃。关于每年8月的教职工研修旅行，我都把想让大家看的、体验的事情提出来供大家参考。至今为止我们去过四万十川（四万十川位于高知县，是日本三大清流之一），御好烧制作教室（御好烧是日本的一种小食，主要有关西风和广岛风两大派系），岛波海道自行车之旅（骑自行车跨越连接广岛县尾道市和爱媛县今治市的全长70千米的道路）等。教师们不仅要理解孩子，还要通过各种各样的体验，做博学多才的人，让大脑的"抽屉"里有丰富的储备。

　　在局外人看来，幼儿园是一个小小的世界。但就能够体验到各种各样的事情这一点来看，幼儿园绝不是小小世界，对于教师来说这里更是自我成长的地方。

　　我希望藤幼儿园的老师在家长心目中，能散发出独特的魅力（知识或能力）、有充沛的精力，并能真正为孩子们付出。从积极的意义上来讲，藤幼儿园给老师提供了丰富的游戏体验，正是在这样的保育环境中，老师与孩子们的互动才具有广度和深度。

● 超人气的星期六学校

藤幼儿园的特征之一是男教师的数量相比于其他幼儿园要多，包括英语教师，占教师总人数的30%。

另外，在接送幼儿、家长会等各项活动中，藤幼儿园孩子的爸爸们参加的比例也非常高。据说其中一个理由就是因为园里男教师多，爸爸们不会感到不自在，可以放心地融入幼儿园里。

曾经在很长时间内，幼儿教育被认为是母亲的工作，这虽然没有错，但是我觉得教育孩子也是身为父亲必须要做的工作之一。我的理想是男女共同努力创建更好的幼儿园。

一般认为幼儿园男教师少的原因是收入问题。男人需要成家立业、养儿育女，至少要与一般的公司或企业同水准的收入才够。为了提高男教师的收入，藤幼儿园采取了各种各样的措施。例如，取得蒙台梭利教师资格证，或者取得大型汽车驾驶资格证能担当校车司机等，在基本工资的基础上给予额外补贴。只要自己努力，收入也会相应增加。

在前文里介绍的"星期六学校"，也是老师们增加收入的方式之一。

　　"星期六学校"刚开始是在我的提议下开展的。但现在从策划到执行，都成了老师们的工作。如果活动很有人气，那么参加的人数自然会增多，收益也会提高。园里规定在这项活动中获得的收入，除上交给幼儿园一万日元的会场使用费和水电费以外，其余都分给参加策划和运营的老师们。

　　收入固然很重要，但我们更希望老师们能够体验到产生经济利益瞬间的心理感受，也试着理解家长为了支付保育费用而付出的辛苦。

　　另外，老师们还可以把通过"星期六学校"活动获得的收入用于旅游、兴趣活动等方面。老师们凭借自己的付出和努力不仅能得到经济收益，同时还能收获远大于金钱本身的喜悦，以及家长们的信任和认可。

● 还想去看一看幼儿园之外的世界

"邻居家的草坪制度"也是藤幼儿园独特的制度。

这是指工作五六年之后，以"想去看看外面的世界"为由辞职的教师，在1年以内可以复职的人事制度。刚毕业还很年轻的时候就当了幼儿园教师，有时候会想尝试其他的工作。

人有时候总会觉得"邻居家的草坪看起来格外绿"。

打个比方，大专或本科毕业之后就来藤幼儿园工作了好几年的老师，到现在已经二十六七岁了。她听在市中心公司上班的同学们说："下班回家的路上会在一个很有格调的餐厅吃晚饭。"听后她会想：真好！我也想这样，说不定还会有奇妙的相遇。

有的人不仅只是这样想，还会真的改行。幼儿园的教师们一般都心地善良，所以换工作也顺利，不管在什么公司大多被当作至宝。最近听说改行到不动产公司的一位教师在公司的业绩排第一。

但是，改行的教师也有非常迷茫或举棋不定的时候，会开始考虑："我在这里一直干下去真的好吗？"一想起在藤幼儿园时温暖的同事关系、作为一名保育者的价值，他们就会后悔辞掉了藤幼儿园的工作。

如果这时想再回来，只要是辞职1年以内的话是没问题的，这就是所谓"邻居家的草坪制度"。

另外，还有一位教师当初因为结婚和丈夫的工作调动而辞职，时隔10年又回到立川后还想重新回到藤幼儿园工作。为了帮助类似这种情况的教师们，我们还设置了"飞镖制度"。看过了邻居家的草坪，仍然觉得"还是这儿最好"的想法是很宝贵的，另外在外工作期间的视野变得开阔，见闻也了解得更多，这对工作也大有益处。

产假、育儿假期也如此，我认为一个人当了妈妈之后，无论是作为教师还是作为普通人，心胸会变得更豁达、视野会变得更开阔。在藤幼儿园里的教师们可以享受最长3年的育儿假期。

● 关于卡通人物

孩子们非常喜欢卡通人物。

而我对卡通人物既不喜欢也不讨厌，但我不允许藤幼儿园的教师们穿戴印有卡通人物的围裙等。那是因为吸引和提升儿童注意力的应是教师本人，而不是卡通人物。

我的主旨是"在幼儿园不需要卡通人物，在家则没关系"。

有的孩子非常喜欢卡通人物，看了这些会感到安心，觉得很可爱。满足孩子们的这种心理需求也很重要，但是我觉得孩子们如果过于依赖自己喜欢的卡通人物，就会误认为自己就是卡通人物，把卡通人物的活动认为是自己的活动，把卡通人物的自立认为是自己的自立，这会使孩子产生错觉。

据家长反映，孩子在家常常过度地玩儿卡通游戏。孩子们一玩儿上，就像被迷住了一样无法自拔。所以，希望孩子们起码在幼儿园里远离这些，能多读读绘本或多和小朋友们一起游戏。

● 园长的梦想

孩子们每天在沐浴阳光、感受微风、发现新奇等各种体验中茁壮成长。他们从各种各样的发现或惊喜中逐渐理解各种事物的道理。我认为总有一些环境是会激发他们的表现欲望的，与之相对，也有一些环境会浇灭他们的激情。

以前在本园工作过的教师说过这样的话，在东北地区出生的她进入小学第一次上课时，教师领着学生们在学校的周围散步，一边介绍这是什么虫子、那是什么花等，这段往事至今她都记忆犹新。

学校的考试里并不会出现这样的问题，但孩子们源于好奇心的理解，才是真正的理解。区别只是在于，知道有些事可以在考试中得分，而有些事虽然不能，却伴随着孩子们独有的感性和感动永远留存在记忆里。我觉得对于孩子们来说后者更有价值。今后我也想致力于优化幼儿园的环境，进而带给孩子们更多成长的空间。还有，作为园长我不想满足于现状，我想不断去挑战新的事物。

首先，关于英语教育。如前文所述，作为蒙台梭利语言教育的一环，藤幼儿园开设了英语课程，并致力于孩子们的英语教育。世界各国语言中，目前仅仅开设了相对比较被熟知的英语，今后还想增加其他语种的课程。

不仅限于语言，将来还会开设艺术、农园、科学、程序设计等课程，希望能给孩子们提供更多的发现和惊喜。

并且，由于幼儿园里还有擅长运动的教师，所以开设体育课程应该也不错。

很多人希望接受了蒙台梭利教育的藤幼儿园的孩子们，将来能继续在蒙台梭利小学学习，所以这也是我的下一个梦想，就是在基于学校教育法规定的小学教育课程的基础上，创建一所导入蒙台梭利教育理念和实践的小学。

我想尝试在这所学校中创建"儿童博物馆"（提供体验式学习或提供教育计划的设施）或"英语村"（在英语环境中，学习其他学科知识，从而提升英语能力的课程教育场所）等教育设施，并以"教育村"的形式向前发展。

展望未来，学生的教材也许被掌上电脑所代替，也有可能连书包都不再需要。若有一天这样的时代来临，那就更有必要创办尊重个性的蒙台梭利教育的小学了。

这已经不只是梦，我正在努力让它变为现实。

● 该遇到的人一定会遇到

森信三先生是昭和时代具有代表性的教育家和哲学家，是我最尊敬的教育家之一。

森信三先生有一句名言，"人在一生中定会遇到该遇到的人，而且既不会提早一秒，也不会迟到一秒"。

也就是说，不论是谁，在他的一生当中肯定会遇到该遇到的人，而且不早不迟，在最合适的那一刻，该遇见的时候就会遇见。

我想对于藤幼儿园的孩子们来说与包括我在内的教职工们的相互遇见，确实是恰到好处。

另外，回想起我与佐藤可士和夫妻、手冢贵晴夫妻的相遇，我确信这正是森信三先生所说的相遇。

现在，从世界各地来访藤幼儿园的人络绎不绝，作为园长的我也接受中国以及世界各地的邀请去演讲。尤其是中国，我几乎每个月都会去参加一次演讲会，参会者都非常认真倾听我的讲话。

经过交流我发现，由于国情不同，人与人之间相处的方法也不尽相同，但在教育现场观察孩子们之间的交流时，我发现还不到一分钟，我与孩子们就会变成好朋友。我认为不同国家的孩子们从小开始友好相处非常重要，我甚至想创建把全世界的孩子们都连在一起的"世界幼儿园"，这才是我们能实现靠近"世界和平"哪怕一毫米的唯一方法。

最后，我想再说说幼儿教育的力量。

据说日本人的特点是无论任何事情都特别认真地对待，这一特点形成的秘密其实就在幼儿时期。

例如，在幼儿园里折纸鹤。孩子们精确地对准每一个角，认真地折好每一步，最终完成一只完美的纸鹤。如果角度没有对齐，折出来的鹤形状就会很奇怪，孩子们会很不满意。孩子们给画涂色也是一样，如果没涂在线条内，哪怕是稍微涂出去一点点也会很不开心。这样反复练习后，就算在上小学时往地图上涂色，也不会涂在外边。无论做什么事都认真、勤劳，这个被全世界赞誉的日本人的特点，其实正是在幼儿时期开始养成的。

"幼儿教育才是立国的最强力量！"

我始终用这句话强调幼儿教育的重要性。

播种和平的种子，为了创造幸福的未来！